明治図書

高校数学がうまくいくの教科書

苦手の教科をたのしく学べる本

墨田彰 著

はじめに

**教え方を教えてくれる教師はたくさんいるが，
働き方を教えてくれる教師は少ない。**

これは，私がこの本を書こうと考えた理由です。

教育実習や研修会などを考えてみても，教材研究や授業，生徒・保護者対応については事細かに教わりますが，働き方についてはあまり指導されないまま，教育現場に入ることが多いのではないでしょうか（少なくとも，私はそうでした……）。

教育現場は時間に追われることが多く，しっかりと働き方について学ぶこともなく，気づけば心身ともに疲弊し，教職を離れていく……。そんな経験をしてきた私だからこそ，書けることがあるのではと思い，本書は生まれました。

私は教職に復帰後，働き方の知識・スキルを書籍やセミナー，研修会等で貪欲に吸収し，実践してきました。本書ではそれらを網羅していますが，仕事の状況は人それぞれです。あなたにとってのベター・ベストを取捨選択し，活用してください。本書で得た知見はすべてあなたのものです。私もそうやって自分の働き方・生き方を変えてきたのです。

働き方が変われば，あなたには時間と心の余裕が生まれます。それが，ひいては生徒・保護者のためになります。本書がそのための一助となれば，これ以上，うれしいことはありません。

栗田正行

CONTENTS

はじめに

序章 高校教師の1日＆1年のタイムスケジュール

01 時間管理の「基本ルール」をおさえる …10

02 高校教師の1日のスケジュール …12

03 高校教師の1年のスケジュール …14

04 担任としての「心がまえ」について …16

05 担任としての「業務」について …18

1章 おさえておきたい仕事のやり方・考え方

01 ここだけはおさえる基本＆働き方を変えるポイント …22

02 できる教師の「3条件」を意識する …24

03 「スパン」で分けてスケジュール管理をする …26

04 「行動する前」に考える …28

05 仕事の「時間割」を考える …30

06 「カンペキ」を目指さない …32

07 「集中タスク」・「分散タスク」で考える …34

08 着手しづらい仕事は「4分ルール」を適用する …36

09 PC・タブレットでは「すべて入力しない」 …38

10 「マイデッドライン」を決める   …40

11 「即対応」がすべての基本   …42

12 「アウトソーシング上手」になる   …44

13 「NOT TODO リスト」をつくる   …46

2章　授業—基本と入念な準備で教師ライフを変える

01 ここだけはおさえる基本＆働き方を変えるポイント   …50

02 １時間だけでなく「１週間」スパンで考える   …52

03 教科書・テキストは「最高のツール」   …54

04 教材研究には「メリハリ」をつける   …56

05 授業の「ゴールイメージ」を明確にする   …58

06 授業で「起承転結」を意識する   …60

07 授業の「ねらい」の考え方   …62

08 生徒の「理解度」をチェックする   …64

09 生徒が「主体的」になる工夫をする   …66

10 「ASK の法則」を意識する①   …68

11 「ASK の法則」を意識する②   …70

12 「５つの発問」を活用する①   …72

13 「５つの発問」を活用する②   …74

14 「実態」に合った教え方をする   …76

15 板書は「CHALK の法則」を意識する①   …78

16 板書は「CHALK の法則」を意識する②   …80

17 ノートと板書を「連動」させる   …82

18 板書案は「再利用」する   …84

3章　部活指導─効率化＆協力で教師ライフを変える

01　ここだけはおさえる基本＆働き方を変えるポイント　　…88

02　「学校の体制」を理解し，工夫する　　…90

03　「生徒中心」でうまく回る部活動にする　　…92

04　力の「抜きどころ」を考える　　…94

05　複数人で「連携」する　　…96

06　「外部指導者」を活用する　　…98

4章　会議・書類作成─整理整頓と効率化が教師ライフを変える

01　ここだけはおさえる基本＆働き方を変えるポイント　　…102

02　会議の「意図・ねらい」を意識する　　…104

03　提案者になるときの「心得」とは？　　…106

04　文書は「Ａ４用紙１枚」にまとめる　　…108

05　書類は「ゼロからつくらない」　　…110

06　ファイリングより「スキャニング」　　…112

07　「フォルダ・ファイル」管理の基本　　…114

08　所見は「クラスノート」で乗りきる　　…116

09　書類作成は「ＡＤＡ」で！　　…118

10　非常時こそ，「相手目線」を大切に　　…120

5章 補習・定期テスト・面談等
―生徒の学力を上げることが教師ライフを変える

01　ここだけはおさえる基本＆働き方を変えるポイント　　…124

02　「意味のある補習」にする　　…126

03　授業とは「違う時間」を大切にする　　…128

04　「スケジュール管理」を徹底する　　…130

05　学校・教科の「ルール」を徹底する　　…132

06　「フォーマット」で効率化する　　…134

07　「過去問」を解こう　　…136

08　面談では「具体的に」話す　　…138

09　生徒・保護者に「主体的に」話してもらう　　…140

おわりに

序 章

高校教師の
1日＆1年の
タイム
スケジュール

01 時間管理の「基本ルール」をおさえる

✎ ここだけはおさえるポイント
....

「TIME の法則」を意識する

分で「時間管理」をする意識をもつ

　本書は高校教師の「仕事術」にテーマを絞った本です。それをふまえた上であなたにまずお伝えしたいのは，私が仕事術を語る上で最も重要だと考えている**時間管理**についてです。

　　私の観察によれば，成果をあげる者は仕事からスタートしない。
　　時間からスタートする。

　これは，「もしドラ」の愛称で知られる大ベストセラー本『もし高校野球の女子マネージャーがドラッカーの『マネジメント』を読んだら』（岩崎夏海　著，ダイヤモンド社）で，より広く世に知られるようになった経営者P・F・ドラッカーの言葉です。

　この名言からもわかるように，**時間管理の達人になることであなたの仕事はスピードもクオリティも上がる**のです。

　私が時間管理で意識しているのは，**「TIME の法則」**です。これは，私が時間管理で重要だと考える4つの要素の頭文字をまとめたものです。本書のあらゆるテーマに関連する大切な考え方ですので，ぜひ目を通しておいてください。

時間管理の基本ルール「TIME の法則」

① Think（考える・予想する）
大切なのは「動く」前に「考える」こと！

　結論からいうと，物事は段取りを組み立てることに時間をじっくりかけたほうがトータルでかかる時間は短くなります。時間がないと思うと，ついつい先に手をつけたほうが……と思いがちですが，それは間違いです。

② Improve（改善する）
継続的な「改善」で，自分をバージョンアップ！

　教育基本法にも，こうあります。

第九条　法律に定める学校の教員は，自己の崇高な使命を深く自覚し，絶えず研究と修養に励み，その職責の遂行に努めなければならない。

　自戒の念を込めて書きますが，本書を手にしている熱心なあなただからこそ，「自分はまだまだ」と思って，さらなる研鑽に努めることが重要です。

③ Manage（管理する）
自分の時間を「管理」できるのは，あなた自身！

　時間管理の考え方は，大きく分けて2つあります。1つは，テクニックやノウハウで物理的に解決する方法。もう1つは，考え方を変えることで心理的な解決を図る方法です。自分に合った管理方法を見出していきましょう。

④ Employ（活用する）
アナログもデジタルもフル「活用する」！

　時間を上手に使うためには，ツールの活用はなくてはならない必須事項です。アナログでも，デジタルでも，仕事の効率を上げるものは意欲的に取り入れていくことで，あなたの時間を生み出していくのです。

02 高校教師の
1日のスケジュール

ここだけはおさえるポイント

自分なりの「流れ」をつくる

仕事の9割は「ルーティンワーク」

　これは，拙著『高校教師の学級経営　最高のクラスをつくる仕事術』（明治図書）でも同様の内容を書いていますが，重要なので繰り返します。

　教師の仕事の9割はルーティンワークであるというのが，基本的な私の考えです。これだけ書くと誤解される方もいるので説明します。ルーティンワークと一口に言っても教師は機械的で単純な仕事が多い，ということではなく，**しっかりと段取りを組めば効率的にできる仕事が多い**という意味です。

　たとえば，授業準備や生徒からの提出物をはじめとする事務書類の処理，成績書類の作成など，1つ1つの仕事にはやるべきタイミングがあり，定期的にやってきます。それがわかっていれば事前に準備や段取りを組み，効率的に仕事ができるはずです。

　また，年度ごとに繰り返される業務であれば，ひな形をつくったり，やり方を確立したりすれば，毎年仕事のやり方を考える必要すらなくなります。

　できる教師は，常にこのような再現性を意識して仕事をしています。最初は手間がかかったとしても，その後を楽にする方法を常に考えています。常日頃から「継続して仕事をしていく」という意識をもっていれば，「どうやったらもっと楽にできるか」「効率的に仕事ができるか」ということを自然と考えられるようになります。

洗濯機も，自動車も，人が「楽をしたい」と思ったことからスタートしています。仕事を楽にやりたいと思うことは決して悪いことではないという発想の転換をしていきましょう。

私の１日の「スケジュール」

　では，具体的に私のとある１日のスケジュールを書いてみます。

７：００－７：３０	出勤
７：３０－８：００	仕事の準備，教室の環境整備
８：００－８：３０	授業準備
８：３０－８：４５	朝のSHR（ショートホームルーム）
８：５０－１２：２０	授業（空き時間は授業準備や事務処理）
１２：２０－１３：００	昼休み（この時間帯に個人面談をすることもあり）
１３：００－１５：４０	授業（空き時間は授業準備や事務処理）
１５：４０－１６：００	清掃，帰りのSHR
１６：０５－１６：１５	学級日誌の担任欄の記入，補講の準備
１６：１５－１７：０５	放課後の補講
１７：０５－１８：３０	顧問をしている同好会の指導
１８：３０－１９：３０	生徒が下校後に欠席した生徒のご家庭への電話や明日の授業準備
１９：４０	教室を確認してから退勤

　学校によってもさまざまな勤務形態があるかと思いますが，だいたいこのような流れで１日を過ごしています。これ以外にも，校務分掌上の打ち合わせや業務，はたまた個人・三者面談などが入ることもあります。

　ある程度のルーティンワークは考えなくてもできるくらいの状態にすることが，スムーズに仕事を進めるためには必要不可欠だと強く感じています。

03 高校教師の 1年のスケジュール

📎 ここだけはおさえるポイント
....

「学校の1年間」を把握する

1年も「ルーティンワーク」の積み重ね

　前述の1日の流れ同様，ルーティンワークの積み重ねが1年になるというのが私の考えです。

　仕事の効率化という観点で考えると，**1年間の仕事の流れを把握し，いかに前倒しで仕事ができるかどうかが勝負の分かれ目**です。

　すでに経験が豊富な教師であれば，1年間の流れは把握できていると思いますが，大切なことは仕事のやり方を毎年アップデートしていくことです。ただ仕事をこなすだけでは，仕事に慣れることはあっても，仕事を効率化することは難しいのです。

　私は時期ごとにやるべきことをExcelでTODOリストとしてまとめており，それを出力した用紙をもとに粛々と業務をこなします。そして，**今年度の反省点や改善点は即座にファイルに反映させ，来年度の仕事の効率アップにつなげている**のです。

　このような取り組みを続けた結果，年度ごとに定期的にやってくる仕事を滞りなく行えるようになりました。なぜなら，学校の仕事はルーティンワークが多いため，このように反省・改善点を反映できる仕組み化さえすれば，仕事を効率化できるのは目に見えて明らかだからです。

私の1年の「スケジュール」

　では，具体的に私の勤務校の，とある年度の大まかなスケジュールを書いてみます（ちなみに，私の勤務校は2期制の私立高校です）。

　4月　入学式（2・3年生はクラス替えあり），前期始業式

　5月　遠足，第1期定期考査

　6月　文化祭

　7月　模擬試験，面談期間

　8月　夏季休業（校内外の研修などあり）

　9月　第2期定期考査，前期終業式

10月　後期始業式，模擬試験，体育祭，
　　　校内見学会（中学生対象イベント）

11月　三者面談，修学旅行（2年生）

12月　第3期定期考査

　1月　入学試験，模擬試験

　2月　授業見学週間（校内研修の一環）

　3月　卒業式，第4期定期考査，後期終業式

（※3年生はこれ以外にも模擬試験が実施されることもあります）

　上記はあくまで一例であり，学校によってさまざまあるかと思いますが，私の勤務校ではこのような1年を過ごしています。前述の通り，この1年間の流れを見越して，早めに仕事に取り組むことが肝です。

　今，本書を手に取っている熱心なあなたであれば実践しているかもしれませんが，具体的にいえば，夏季休業中に前期の所見を書いたり，定期考査をつくり（ある意味，教材研究のゴールセッティング）ながら，授業の教材研究をしたりすると，前倒しで仕事を組み立てることができるのです。

04 担任としての「心がまえ」について

クラス担任の「ゴール」とは？

　高校教師のクラス担任としてのゴールは，**生徒の自立**です。そのための手助けをするのが担任としての役目だと私は考えています。

　一口に自立といっても，主に次の3つの自立があります。

①学び方の自立

　自分が学びたいことを，自分で学ぶことができるようになるという意味での自立です。小・中学校までは義務教育ですが，高校からは自分で選んで進学してきたということを認識し自ら学ぶ姿勢をもってもらうことが大切です。

②人間関係の自立

　高校という場は，小・中学校に比べて通学区域も広がり，さまざまな価値観の生徒たちが集まってきます。そのような環境下で，自分なりの人間関係を築けるのも自立の1つです。

③進路実現という自立

　高校での大切な目的の1つが，この進路実現という自立だと私は考えています。学校や生徒の実態に合わせて，大学や専門学校への進学，就職など，

生徒が自らの進路を見つけ，その実現を目指すことが高校生活のゴールであるともいえます。

大切なのは「場」と「情報」を整えること

　生徒の自立のための，担任として務めはいくつもありますが，その中で私が日頃から意識しているのは，「場」と「情報」を整えることです。

【クラスで整えたいこと】①「場」を整える
　クラスで「場」を整えることは重要です。採光や換気，温度や湿度，清掃状況などをはじめとした教室環境を整えることで，生徒たちは学びに集中できるようになります。高校によっては，学年が上がるにつれて選択授業が増え，自分のHR教室で授業を受ける機会が少なくなるかもしれませんが，朝と帰りのSHRだけでもクラスの生徒に整った場で過ごしてもらうことには大きな意味があります。

【クラスで整えたいこと】②「情報」を整える
　クラス担任として，さまざまな情報を生徒に伝える機会があります。ほとんどの場合，職員室での朝の打ち合わせで連絡があったことをクラスへ伝達することが多いのではないでしょうか。

　そのときに考えていただきたいのは，効果的に生徒に伝わるタイミングや伝え方です。上からの伝達事項をただ伝えるのでは，情報が整理されておらず，生徒によっては心に残りません。

　たとえば，その日の連絡事項は朝のSHRで，保護者向けの情報は帰りのSHRで伝えるという工夫をするだけでも，情報の伝達率は変わってきます。換言すれば，**聞き手の立場になって情報を伝える**ということです。

　保護者への連絡事項の中でも，学校行事や進路指導関連などの大切なものについては，学級通信など，文書にして渡すのも有効な手段の1つです。

05 担任としての 「業務」について

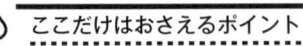
すべてを「効率化」する必要はない

仕事の「質」を見極める

クラス担任の業務は多岐にわたります。その仕事をやみくもにこなすのではなく，仕事の質を見極めることが重要です。

仕事の質とは，その仕事があなたにとって「軽い」のか，「重い」のかということです。

私なりの仕事の選り分けは，以下のようになります。

私にとって「軽い」仕事＝ルーティンワーク

△事務処理　△提出物のチェック・管理

△出席簿や指導要録などの文書作成　　　　　　　　　　　　　　など

私にとって「重い」仕事＝生徒・保護者にかかわること

◎授業・部活動　◎三者・二者面談　◎進路指導　　　　　　　など

あなたなりのこのような選り分けをし，自分の時間やエネルギーをどこに集中して注ぐのかを考えます。「軽い」仕事は徹底的に効率化し，そのぶん，空いた時間を「重い」仕事に費やすイメージです。

「担任不在でも大丈夫」な仕組みづくり

　平日，あなたが部活動の大会引率をはじめとする出張をしたり，年休を取得したりする場合，担任業務を別の教師に代行してもらうことになります。

　その際，あなたはどのように引き継ぎをされていますか。代行される方に「明日，お願いします」と一言伝えるだけで終わりにしていませんか。

　私であれば，クラスをみてもらう教師の立場になり，下のような担任代行連絡用のプリントを作成します。代行を任される先生が困らないようにするということですね。

　お願いする相手が，日頃からクラスをみていない先生であれば，なるべく負担を少なくすることも，担任としてのあなたの大切な仕事です。

　また，このようなプリントは一度作成すれば，次回からは必要箇所を入力し直すだけで再利用できます。担任業務もスムーズに引き継げるのでおすすめです。

　私なりの学級経営について，さらに詳しく知りたければ，拙著『高校教師の学級経営　最高のクラスをつくる仕事術』（明治図書）をご覧ください。より実践的な学級経営スキルを網羅しています。

３－２担任代行連絡票

お忙しいところ，お手数をおかけして大変申し訳ございません。ご代行のほど，よろしくお願い申し上げます。

代行者：○○○○先生
日時：△月△日（△曜日）〈午前〉午後　朝　帰り　終日

【連絡事項】※連絡済の項目についてはチェックを入れていただけますと幸いです
朝（朝はみんな何かしらの課題をやっていますので，ＳＨＲは短めに（笑））
□日直は◆◆くんです。日誌を渡してあげてください
□●●くんが久しぶりにくるはずです。模試結果をお渡しください
□学年末なので，各教科・科目の提出物をしっかり出したほうがいいかも……とお伝えいただけるとありがたいです（大丈夫だと思いますが）
□

【生徒からの相談等，何か引き継ぎがございましたら，ご記入いただけますと幸いです】
□　　　　　　　　　　　　　　　□
□　　　　　　　　　　　　　　　□

お忙しい中，ご代行ありがとうございました。この用紙は使用後，裏向きにして栗田の机上に置いていただけますと助かります。

1章

おさえて
おきたい
仕事の
やり方・考え方

01 ここだけはおさえる基本&
働き方を変えるポイント

「効率化できる仕事」はとことん効率化する

「何のための」効率化なのかを考える

　教育業界に限らず，どの業界でも働き方改革が話題になっていますが，あなたは**「そもそも何のために働き方改革をするのか」**を明確に答えることができるでしょうか。

　その問いに対する私の答えは，**「自分」**のためです。「え，どういうこと？」と思ってしまったあなたは，ここから先はとても重要なことですので，しっかりと読んでみてください。

　以前は，生徒や保護者のために自己犠牲を厭わずに働くことが熱血教師としてのロールモデルでした。しかし，そのような働き方をしていては，いずれあなた自身の心身が病んでしまうか，倒れてしまいます。すると，生徒・保護者に迷惑がかかるだけでなく，周囲の教師の仕事の負担が増えることになります。

　このような悪循環を生み出さないためには，**働き方改革をすることで，生まれた時間やエネルギーを自分のために使う**。これこそが，長期的に見て有意義な働き方改革の目的だと私は考えます。自分自身のための働き方改革を意識していきましょう。

時間を「自分」のために使う

さて，生まれた時間を自分のために使うとは，どういうことなのでしょうか。具体的に，私は仕事を効率化して生まれた時間を活用して，以下のようなことをしています。

- **読書や映画鑑賞をして，楽しみつつ，インプットを行う**
- **ジョギングや水泳，自分の好きなスポーツをして汗を流す**
- **家族やパートナーとゆったりとした時間を過ごす**
- **おいしいものを食べに行く**
- **自分の趣味に没頭する**　　　　　　　　　　　　　**などなど**

一見，これらは仕事に無関係なように思えますが，自分自身がリフレッシュすることで気持ちよく仕事ができるようになり，より効率的に仕事が進むようになります。上手に休むことが仕事上手になるための秘訣だと覚えておきましょう。

まずは「真似」から始めてみる

働き方改革で大切なことは，まずはやってみること。現状を変えるためには行動するしかありませんが，新しいことに取り組むことは誰でも億劫に感じます。つまり，行動するための心理的ハードルを下げる必要があります。

そこでおすすめなのが，すでに実績を上げている人の真似をすることです。「まなぶ」の語源は「まねる」という説もあるくらいですから，真似ることは決して悪いことではありません。

身近にあなたのロールモデルになるような教師がいる場合は，その教師の真似をすればよいでしょう。もし，ロールモデルがいない場合でも，教育実用書や仕事術の本の著者のエッセンスを書籍から学び，真似して実践してみればよいのです。はじめの一歩をぜひ踏み出してみてくださいね。

02 できる教師の 「3条件」を意識する

📎 ここだけはおさえるポイント

できる教師は「3条件」を意識している

いわゆる仕事ができる教師は，次の3つのことを意識しています。

①わからないことは人に「すぐ聞く」
②仕事の進め方が「確立」されている
③たまに「じゃましづらい雰囲気」のときがある

1つ1つ具体的にどういうことなのかを説明していきます。

わからないことは人に「すぐ聞く」

仕事についての疑問点を抱えたままではスムーズに仕事は進みません。また，よくわからないのに，自分勝手に進めてしまい，上長に確認したら全然違うことをやっていた……という悲惨な事態になりかねません。

これらのことを事前に防ぐためには，わからなければすぐ聞くことです。余計な試行錯誤をする時間を減らすことで，効率的・効果的に仕事を進められるからです。

また，**仕事についての疑問点をすぐ聞くことで，相手にも自分の仕事の状況を伝えることができます。**ですから，「相手にとって迷惑じゃないかな……」と考えて，聞くことを躊躇する必要はないのです。

仕事の進め方が「確立」されている

　あなたの周囲には，毎年同じ仕事をしているはずなのに，その時期になるとバタバタしている教師がいませんか。それは，その教師が仕事のやり方を確立していないからといえるでしょう。

　特に，ルーティンワークにおいては，決まった段取りや仕組み化がされていれば，毎回の進捗状況にムラはできないはずです。

　その日そのときの気分によって仕事のスピードが変わってしまうのはプロとはいえません。2回以上繰り返す仕事であれば，あなたなりの仕事のやり方を確立することを意識してみてください。

たまに「じゃましづらい雰囲気」のときがある

　どのような仕事にも，誰にもじゃまされず集中したほうがよい業務というものがあります。成績処理や所見入力がその主な例です。そういう場合，**インターネットはおろか電話も禁止というような，話しかけられない環境で集中したほうが私はスムーズに仕事が進みます**。下着メーカーであるトリンプ・インターナショナル・ジャパンで採用されて有名になった「がんばるタイム」※がその代表的な実践例です（※「がんばるタイム」とは，毎日12：30〜14：30の間は電話禁止，私語禁止，立ち歩き禁止でひたすら業務に集中するというものです）。

　このような3条件を意識し，自分が実践できているかを確認しつつ，改善していくことで仕事の効率は飛躍的に上がります。

　流れる水が一時も同じ形を保たないように，教育現場も流れる時間の中で環境や状況はどんどん変わっていきます。その感覚を常にもち，自分を改善し続けることが時間を上手に活用するための近道なのです。

03 「スパン」で分けて スケジュール管理をする

ここだけはおさえるポイント

自分に合った「スケジュール管理」をする

仕事の「段取り」はスケジュール管理から

仕事をスムーズにこなすためには，中長期的な視野をもつことが重要になります。私は**仕事のスケジュールを大きく分けて短期・中期・長期の3つに分けて管理しています。**

教師によっては，スケジュールはすべてまとめて管理したほうがやりやすいという方もいるでしょう。私なりに試行錯誤を繰り返した結果，このスパンで分けるスタイルに落ち着きました。人によって考え方は違うと思いますので，参考になる部分のみご覧ください。

私の「スパン別スケジュール管理」

では，具体的に私がどのように管理しているのかを紹介します。

【短期的なスケジュール】「A7メモ」を使用

私は，ワイシャツの胸ポケットにちょうど収まるA7サイズのメモに，その日1日のTODOリストを書きます。そして，1つ1つのTODOが終わったらチェックし，仕事の進捗を常に把握しています。また，突発的に入った仕事や案件も一旦メモしておきます。必要であれば，後述の授業スケジュ

ール帳に転記するようにしています。なお，TODO リストの活用については，拙著『できる教師の TODO 仕事術』（東洋館出版社）に詳しく書いてあります。よろしければ，ご覧ください。

【中期的なスケジュール】「授業スケジュール帳」を使用

中期的なスケジュール管理には，見開き 1 週間で授業スケジュールを記入できるノートを使用しています。ここには授業の予定・内容だけでなく，課題や連絡事項および，会議や面談などの予定も記入し，1 週間の流れが一目瞭然でわかるようにしています。このように一括管理をすることでスケジュールの漏れをなくすことができるのでおすすめです。ちなみに，今，私が愛用しているのは『スクールプランニングノート2019年度版　Ｂタイプ（中学・高校教師向け）』（学事出版）ですが，あなたのお気に入りのものを探して使用してみてくださいね。

【長期的なスケジュール】Google カレンダーを使用

長期的なスケジュール管理に私が使用しているのは，Google カレンダーです。たとえば，勤務校の年間行事計画が発表された時点で，Google カレンダーにすべて入力します。

Google カレンダーを使用するメリットは 2 つあります。1 つは，**すぐに修正しやすいこと**。もう 1 つは，**スケジュールを共有しやすいこと**です。

私は家族と Google カレンダーを共有しています。状況によってスケジュールが変更される場合，その変更を即座に行えて，しかも，そのスケジュール変更を共有できるクラウド上のスケジュール帳はとても重宝しています。

加えて，年間スケジュールを見ながら，どの時期に定期テストを作成するのか，所見を書くのか，そして校務分掌上の仕事量を見積もって前倒しで仕事ができるようにしています。

紙ベースでスケジュール管理をしたい場合は，Google カレンダーをプリントアウトすればよいということもつけ加えておきます。

04 「行動する前」に考える

ここだけはおさえるポイント

先に「段取り」を考えたほうが効率的

忙しいときこそ, 「一旦立ち止まる」

　あなたの周りには同じような仕事量を抱えているはずなのになぜかいつも慌ただしく焦っている方っていませんか。

　そのように忙しそうにしている教師にはある共通点があります。それは無我夢中で動いていることです。補足すると, 何かを考えているのかもしれませんが, 段取りを考えて動いていないので見通しが立っておらず, 常に焦っているというのが正確な状況かもしれません。

　結論からいうと, **物事の段取りを立てることにじっくり時間をかけたほうが, トータルでかかる時間は短い**のです。

　では, ここで具体的に行動する前に考えることのメリットを挙げてみます。

①忙しくなる前に, 仕事の「段取り」を考える

　　→仕事を効率的に進められるので, 時間が生まれる

②生徒や保護者の「状況」を考える

　　→自分だけでなく, 相手の時間も大切にできるので信頼される

③「不測の事態」を想定する

　　→万が一の状況にも対応できる。あるいは, リスク回避ができる

意識したい「他者優先のルール」

　ここでもう１つ，あなたに意識してほしい考え方を紹介します。

　それは，仕事の優先順位についてです。簡単にいえば，私は，**次に人が待っている仕事を最優先**にします。私はこれを**「他者優先のルール」**と勝手に名づけて意識しています。

　このルールは，「自分一人だけでできる仕事より，次に人が待っている仕事を最優先にする」というシンプルな考え方ですが，実践できる教師は想像以上に少ないのです。なぜなら，自分の裁量だけでできる仕事のほうが着手しやすいからです。

　この「他者優先のルール」を実践すると，次のようなメリットがあります。

・相手からすれば，自分を最優先にしてくれるので助かる
・人を待たせているというプレッシャーから解放される
・あなたからのお願いや依頼も受け入れてもらいやすくなる
・相手を大切にするという利他の精神が自然に身につく

　自分一人だけで完結する仕事はとりかかりやすいもの。その反面，自分のペースでのんびり仕事をしてしまったり，必要以上に時間をかけてオーバークオリティになってしまったりすることもあります（それ自体はあなたの熱意の表れなので悪いことではないのですが）。

　ただ，仕事は自分一人でしているわけではないということを忘れてはいけません。**自分だけが仕事を効率的・効果的に遂行するのでなく，周囲やチームの時間も大切にする。**

　それは，普段，あなたが生徒たちに仲間を大切にしようと言っているのと同じです。その姿勢が信頼を生み，結果的にあなたの時間を生み出すことをぜひ覚えておきましょう。

05 仕事の「時間割」を考える

 ここだけはおさえるポイント

仕事の種類を「午前・午後」で変える

仕事にも「時間割」をつくる

いきなりですが，問題です。なぜ，生徒たちは学校で1日にあれだけの内容を勉強できるのでしょうか。

その答えは，学校に「時間割」があるからです。たとえば，1日の授業で学ぶ量を，休日に自宅でたった一人で勉強するのは無理があります（できる方もいるかもしれませんが，私は厳しいです……）。

この事実を当たり前だと思ったあなたは，これを自分の仕事に置き換えてみてください。仕事にも「時間割」があればテキパキと同じ時間内でいろいろなことができると思いませんか。

ここで重要なのは，**目に見えない時間というものを自分でコントロールするという意識をもつこと**です。つまり，自分なりの「仕事の時間割」にしたがって仕事をするのです。

ただし，「時間割」といってもあまりキッチリと考える必要はありません。むしろ，教師業はイレギュラーな予定が入りやすい仕事ですから，「だいたいこの時間帯にはこの仕事をやる」くらいの意識のほうが継続できます。

小学校と違い，中学校・高等学校の教師は授業や会議などが入っていない空きコマが毎週同じパターンなので，仕事の段取りをしやすいはずです。あなたなりの仕事の時間割を考えるヒントをこれからお伝えします。

「午前と午後」では仕事を変える

　あまり意識していないかもしれませんが，**午前と午後では脳の状態が変わります**。私はその状態に応じた仕事の割り振りをし，自分なりの仕事の時間割をつくっているのです。どういうことか，説明しましょう。

　夜，睡眠中に脳内の情報が整理されることによって，朝は脳のゴールデンタイムと呼ばれるほど，脳が活性化しています。ですから，**脳の状態が比較的スッキリしている午前中は思考を伴う仕事やじっくりと検討が必要な仕事に向いています**。具体的にいえば，授業準備や通知表所見，定期試験問題の作成などに適しているのです。

　午後になると，脳も疲労してきます。ですから，**あまり思考を必要としない作業系の仕事が午後には向いているといえるでしょう**。具体的にはプリントを印刷したり，整理整頓などの機械的な作業をしたり，事務処理をすることなどが挙げられます。

　ここでちょっとした落とし穴があります。それは，**このような作業系の仕事は単調なので取り組みやすく，つい仕事をやった気になってしまうということです**。気をつけないと，脳がスッキリしている午前中に作業系の仕事だけをこなして充実感にひたってしまい，午後はのんびり……してしまうということになりかねません。

　もちろん，仕事の締め切りの都合上，午前中に作業しなければいけないこともあるでしょう。できれば，そうならないように自分の仕事のスケジュールの段取りをしていくことが，長期的に考えると，効率的・効果的な仕事につながっていくのです。

　これまで仕事をする時間帯を気にせず，締め切りや気分に合わせて仕事をしていたあなたは，自分なりの仕事の時間割を考えてみてください。仕事に追われるのではなく，能動的に仕事をする感覚がつかめるはずです。

06 「カンペキ」を目指さない

「2割ルール」を実践する

仕事には年間のクラス運営や授業計画などの大きなものから，学級通信やおしらせといった文書作成などの比較的小さなものまで，人によって「最低でもここまでは……」という完成度には差があります。

自分一人で完結する仕事ではなく，上司や次の人が待っている仕事の場合，この完成度についての考え方には大きなポイントがあります。

結論からいえば，私は全体の完成度の2割くらいの時点で，その仕事の依頼相手や確認すべき上長に一度見てもらいます（私はこれを**「2割ルール」**と呼んでいます）。

人によっては，そんな中途半端な状態で相手に見せるのは失礼だと考える方もいるかもしれません。しかし，そのような考え方にこそ大きな落とし穴があります。

こんな経験はないでしょうか。誰かに頼まれた仕事を，自分が考えるカンペキな状態に仕上げてから依頼者に確認のために持って行ったところ，「ちょっとイメージが違うんだよね」と修正を促される。

こうなると，修正するための時間が余計にかかることになります。10割完成させたものをもう一度ゼロからつくり直すわけですから，精神的にも肉体

的にも負担がかかるのは目に見えています。

つまり，**2割くらいの段階で相手に見せるのは，相手が考えているその仕事の完成形のイメージとのすり合わせを行うため**なのです。

もっといえば，仕事の完成度の5〜6割の段階で，もう一度確認をすることで，さらに具体的なフィードバックをもらうことができ，修正する手間をより省いていけるでしょう。

「2割ルール」のメリット

この「2割ルール」を徹底することには，次のようなメリットがあります。

・相手に自分の仕事の進捗状況を伝えることができる

→仕事の依頼者が一番心配しているのは，締め切りに間に合うかどうかです。たとえば，このような本の原稿についても，依頼者である編集者に細かく確認することで相手は安心するのです（笑）。

・ゴールイメージが明確になり，オーバークオリティ（過剰品質）を避けることができる

→仕事のゴールイメージのすり合わせを行うことで，依頼者が求める最低限度のクオリティがわかります。無駄な労力を省くのは大切なことです。

・仕事の過程でアドバイスがもらえるので，結果的によりよいものができる

→あなたの仕事に対するアドバイスは自己成長のきっかけです。そのフィードバックを活かすも殺すもあなた次第です。

あなたの仕事に対する熱意はスピードでしか表すことはできません。これまで完成度100％を目指して仕事が遅くなってしまった方は，ぜひ「2割ルール」を心がけることで，このようなメリットを実感してください。

07 「集中タスク」・「分散タスク」で考える

田流　仕事の「選り分け方」

　仕事には集中しなければできないものと，細切れの時間ごとに処理できるものがあります。

　私はこれを**「集中タスク」・「分散タスク」**と名づけ，意識的に仕事の選り分けを行っています。

　具体的には，

集中タスク：授業計画案や通知表の所見欄，定期試験作成など
分散タスク：印刷や課題のチェック，書類や物の整理整頓など

というように考えます。ただし，集中しなければできないことには個人差があります。

　大切なのは自分なりの「集中タスク」・「分散タスク」を考えるということです。そして，このように仕事の選り分けを行い，1日の時間の流れの中で，どこで何の仕事をするかをおおまかに組み立てておきます。

　「集中タスク」にはある程度まとまった時間が必要ですし，「分散タスク」であれば休み時間やちょっと時間が空いたときにも処理できます。次のページのようなイメージで考えると，時間の流れが一目瞭然です。

「**集**中タスク」・「分散タスク」を考える

時刻	内容
9:00	授業案を考える　　集中
10:00	分散　プリント印刷
11:00	授業
12:00	分散　小テスト丸つけ
13:00	
14:00	授業
15:00	
16:00	成績処理　　集中
17:00	分散　教材選定・日誌記入

08 着手しづらい仕事は「4分ルール」を適用する

「作業興奮」を味方につける

　誰にでもなるべくなら手をつけたくない，苦手な仕事というものは必ずあります。ちなみに，私は教材研究が苦手です（教師としてどうかと思いますが……）。そのような仕事に着手するのは心理的ハードルが高いため，なんとかしてこの心理的ハードルを下げる必要があります。

　そんなときの魔法の言葉，それは**「4分だけやってみよう」**です。やりたくないことでも，手をつけて気づくと集中してやってしまうことがあります。

　学生時代，定期テスト前に，なぜか部屋の片づけをし始めたら，ついつい没頭してしまったという経験があなたにはありませんか。これは，面白くもない片づけをやり始めたら没頭してしまったという典型的な例です。

　これには**「作業興奮」**という脳の仕組みが関係しています。やりたくないことでも，手をつけて取り組むことで，脳がやる気のスイッチを入れるというイメージです。

「やる気が出ないから，着手しない」

↓

「着手するからこそ，やる気が出る」

　このような発想の転換をすることが，苦手な仕事を克服するための第一歩だと私は考えています。

ズーニンの「初動４分間の法則」を活用する

とはいえ，実際に苦手な仕事に手をつけても，どうしてもやる気が出ないことはあります（私も例外ではありません）。

そういうときには，「４分だけやってみよう」と考え，あなた自身が集中できない・夢中になれなければ今はやらないというくらいの気持ちでいいでしょう。

誰でも新しいこと・苦手なことに着手する心理的ハードルは高いので，「４分だけやってみよう」と自分に言い聞かせ，着手する心理的ハードルを下げます。このように作業興奮を意識することで，無駄にする時間を確実に減らすことができるのです。

さて，ここまで読んできた熱心なあなたであれば，１つの疑問が頭の中に浮かんだと思います。

なぜ，きりのいい５分ではなく，４分だけやってみるのか。それは，**何事も初動の４分間を超えると意識せずに継続できるという理論をアメリカの心理学者レナード・ズーニン博士が提唱したこと**に由来しています。

これは**「ズーニンの初動４分間の法則」**と呼ばれ，あなたの「やる気が出ない」というハードルを大きく下げてくれることでしょう。やる気が出ないときには４分間だけやってみる。ぜひ試してみてくださいね。

ちなみに，私は４分間手をつけてみて気が乗らないときには，すぐ別の仕事にとりかかり，しばらくしてからもう一度その仕事に着手してみます。

なぜなら，仕事によっては，別の仕事で自分の気分が乗ってから手をつけたほうがはかどることもあるからです。これは，特に自分が苦手だと思っている仕事に多い傾向です。いずれやらなくてはいけないのであれば，とりあえず手をつける習慣を身につけていきましょう。

09 PC・タブレットでは 「すべて入力しない」

📎 ここだけはおさえるポイント

「辞書（単語）登録」はデジタル入力の必修科目

「辞書（単語）登録」のススメ

　現在の教育現場で，PCやタブレットなどのデジタル機器を使わない仕事は考えられないのではないでしょうか。

　そのような状況下で，デジタル機器のスキルは仕事の効率にそのまま直結します。しかし，私はあなたにPCやタブレットのプロの使い手になりましょうといいたいわけではありません。

　ここで伝えたいのはデジタル仕事における，最低限のテクニックです。それはずばり，**辞書（単語）登録**です。

　辞書（単語）登録とは，本来，PCやタブレットに登録されていない単語や熟語を登録しておく機能です。ここでは，その機能を活用して，入力する量を減らす手法を紹介します。

　具体的には，私のPCでは次のような設定になっています。

たいおせ	と入力すると…	**大変お世話になっております。**
ごてあり	と入力すると…	**ご丁寧なメール，ありがとうございます。**
よろ	と入力すると…	**よろしくお願い申し上げます。**

　ご覧いただければわかるように，**わずかな文字を入力することで日頃使う**

頻度が高い単語・熟語・言い回しを出力できるように設定しています。

　一見すると，たったこれだけのことで……と思うかもしれませんが，塵も積もれば山となります。わずかな時間の節約が1週間，1か月，1年間と積み重なると膨大な時間を生み出すことを私は実感しています。もっといえば，私はこの辞書（単語）登録がされていないPCを使うことにストレスを感じるほど，その利便性は折り紙つきです。ぜひ，これまで意識していなかった方は，まず辞書（単語）登録という機能を意識してみましょう。

「辞書（単語）登録」のやり方

　ここで，マイクロソフト社のWordを使用する際の，辞書（単語）登録のやり方を紹介します（本書の執筆時のバージョンによるものです）。

---

① Word上のタブの中から「校閲」をクリック

②「言語」の中にキーボードマークがあるので，それをクリック

③表示された単語の登録の枠の

　単語：出力したい単語・フレーズ

　よみ：短縮したふりがな（自分が覚えられるもの）

　を入力する

④「登録」あるいは「OK」をクリック

　たったこれだけです。その他の文字入力ソフトでも，必ず辞書（単語）登録はできますので，ぜひチャレンジしてみてください。

　そして，この辞書（単語）登録は蓄積されていき，一覧をテキスト形式等で出力することができるので，私はそれをバックアップとして保存しています。そのファイルを用いて，**別のPCやタブレット，スマートフォンにも辞書（単語）登録を反映させ，どのようなツールでも同じような仕事ができる環境を整える**ようにしています。

10 「マイデッドライン」を決める

ここだけはおさえるポイント
....
自分だけの「期限」をつくる

「パーキンソンの法則」を知っておく

　私が導き出した人生の真理の1つに，お金や時間はあればあるほど，使ってしまうということがあります。

　学生時代は，「アルバイトではなく，正社員として仕事に就いて稼ぐことができれば貯金なんて簡単だ」と思っていたけれど，実際に働きだすといろいろなことで出費がかさみ，結局そんなにお金を貯めることができないというのはよくある話です。

　この事実を如実に表しているのが**「パーキンソンの法則」**で，ビジネスの世界ではよく知られています。

【パーキンソンの法則】
第1法則：仕事の量は，完成のために与えられた時間をすべて満たすまで膨張する
第2法則：支出の額は，収入の額に達するまで膨張する

　ここで話題にしたいのは，第1法則についてです。上記の通り，**人は締め切りがないといつまでも仕事をし続けてしまいます**。特に締め切りがなく，自分のこだわりだけでやっている仕事はいつまでも質を上げることにこだわ

り，オーバークオリティになってしまうことがよくあります。

　私は締め切りのことを「デッドライン」と呼んでいますが，どんな仕事にも「デッドライン」を設けることで驚くべき集中力が生まれます（その証拠に，この原稿はかなり締め切りに追われているので，驚くべき集中力が発揮できています……）。

　締め切りがない仕事であれば自分で設ける。締め切りがある仕事であれば，自分だけの締め切りを前倒しでつくる。これだけで効率は確実に上がります。

なぜ，「締め切りを守る」のが大切？

　一般的に，学校の教師には「時間外手当」というものがないので，「残業している」と思って仕事をしている教師は少ないのではないでしょうか。

　そもそも定時とは退勤してもよい時刻という意味なので，退勤時間ではありません。ただし，このような事実が仕事をいつまでもダラダラやってしまう諸悪の根源になっているのも事実だと私は考えています。

　ですから，**自分なりの退勤時間という「マイデッドライン」を設けることで，その日1日の過ごし方が劇的に変わってきます。**

　強制的に「マイデッドライン」を設けるコツがあります。それは，仕事後に自主参加の勉強会やセミナー，パートナーや友人，家族との予定などをあらかじめ入れてしまうことです。もちろん，イレギュラーが起こりやすい職種ですから，すべて予定通りにはいかないと思いますが，惰性で職場にずっといるよりかは，確実に時間のやりくり上手になれます。

　私はわが子が生まれてから，この事実に気づくことができました。お風呂や家事・育児のために少しでも早く帰る必要性に追われ，この「マイデッドライン」の有用性に気づけたのです。

　もし，ついつい，公の締め切りギリギリで仕事を仕上げてしまう傾向がある方は，週に1回でも「マイデッドライン」を設けてみましょう。

11 「即対応」がすべての基本

ここだけはおさえるポイント
....
熱意は「スピード」でしか表せない

「即対応」という行動で示す

即対応，これは私が以前，塾の教室長として勤務していた際，上司から徹底して指導された内容です。当時は指導されているから……という理由でなんとなく行動していましたが，今なら，なぜ当時の上司がこの即対応を徹底しようとしたのかがよくわかります。

たとえば，大けがをしたとき，すぐに止血や消毒などの応急処置が必要になりますよね。そうしないと傷口がさらに悪化する恐れがあるからです。それと同じように，学校やクラスで問題が起きたときには，まず迅速で具体的な行動をとることが重要です。本書を手に取るような熱心なあなたであれば，理由はおわかりの通り，即対応をするのは，それ以上，問題を大きくしないためです。

もちろん，起こってしまった問題について，じっくり時間をおいて考えるということも大切でしょう。しかし，即対応することですべてが解決しなかったとしても，**子どもたちや保護者に対し，行動することによって対応中であることを態度で示すことは重要**です。

なぜなら，あなたがどんなにいろいろと考えていたとしても，人はあなたの頭の中を見ることはできず，行動でしか判断できないからです。だからこそ，具体的な行動に移すのです。

熱意や情熱は，「スピード」でしか表すことができないということを覚えておいてください。

即対応で「ほめる」のが最も効果的なほめ方

　即対応は，生徒との人間関係においても同様です。**人間関係は，小さいことが大きなこと**であるという認識のもとに，ちょっとしたことでも迅速に対応することを私は心がけています。小さい芽であるうちに問題を摘むことで，さらに大きな問題に発展し，膨大な時間を奪われないようにすることは，あなたの貴重な時間を守る上でも必要不可欠なスキルといえます。時間の経過はいろいろなものを育ててくれますが，人のマイナス感情も増大させます。発生した問題への初期対応をまったくせずに，あなたがじっくり考えていると，それだけマイナスの感情がふくれ上がってしまうこともあるのです。ぜひ，即対応という魔法で，状況の悪化にストップをかけていきましょう。

　ここで，生徒たちをほめるときにも，即対応が基本だということがわかる一文を紹介します。

　行動科学では，数々の実験の結果，「人は，行動してから60秒以内にほめられると，またその行動を繰り返すようになる」というデータがある。

　これは日本の行動科学マネジメントの第一人者である石田淳さんの著書『おかあさん☆おとうさんのための行動科学　子どものしつけがうまくいく！　子育てが楽になる「とっておき」のスキル』（フォレスト出版）の一節です。この60秒以内というのが重要なポイントです。
　子育てのみならず，大人でも有効なほめるときの60秒ルール。普段，なかなかほめる機会がない（？）高校生にも，ここぞという場面で，その場ですぐにほめるという即対応こそが効果的なほめ方だと覚えておきましょう。

12 「アウトソーシング上手」になる

ここだけはおさえるポイント
....

すべて自分で「やらない」ことが大事

「時間管理の達人」の共通点

　ビジネス書や教育実用書をはじめ，多くの時間管理の達人の書籍を読んで気づいたことがあります。時間管理の達人に共通していること，それは**人に任せるのが上手なこと**です。

　自分は仕事が早い（速い）と思っている教師は，自分でやったほうが効率的に処理できる……と思いがちです。しかし，それではいくら時間があっても足りません。なぜなら，どんどん自分の仕事・やることは増えていくからです。だからこそ，自分以外の誰か，そして，クラスにいる優秀なスタッフ，そう，生徒たちにアウトソーシング（外部委託）するのです。

　具体的に，生徒たちにアウトソーシングしやすいことは次の３つです。

【掲示】
　生徒たちが共有すべき内容のプリントなどを掲示してもらいます。
　慣れてきたら，掲示物自体を作成してもらいます。
【集配】
　課題やプリントを回収したり，配付したりしてもらいます。
【環境整備】
　教室や廊下などの環境をきれいにしたり，整えたりしてもらいます。

はじめはアウトソーシングすることで，時間がかかるかもしれませんが，生徒たちは繰り返し作業することで上達します。加えて，生徒たちの自主性も育ち，あなたが別のことをできる時間をも生み出せるのです。

　さらに，上手にアウトソーシングするコツを紹介します。

【掲示のプロへの道】
　掲示物の見出しやきれいな掲示の仕方のお手本を見せる。
【集配のプロへの道】
　名簿を渡し回収・配付状況までチェックしてもらう。
【環境整備のプロへの道】
　まずはあなたがお手本を見せ，ゴールイメージを共有する。

　あなたの仕事は，客観的にできているところ・できていないところを確認し，具体的に生徒たちにフィードバックを伝えるだけです。このような取り組みを通して生まれた時間を，教師としてあなたにしかできない仕事に費やしていきましょう。

職員室でも「アウトソーシング上手」になる

　あなたには，職員室内でもアウトソーシングの達人になっていただきたいです。なぜなら，仕事を任せることで相手のスキルが向上し，自己成長につながるからです。

　ついつい，その先生は忙しそうだから……とアウトソーシングするのを躊躇していると，どんどんあなた自身が仕事を抱えることになります。

　逆に，自分の仕事をアウトソーシングすることで，最初は時間がかかるかもしれませんが，その先生が成長すればあなたの時間が生まれます。ぜひ，**アウトソーシングする時間は初期投資**だと考え，適材適所のアウトソーシング上手になれるよう，意識してみてください。

13 「NOT TODO リスト」をつくる

📎 ここだけはおさえるポイント
- -
やることよりも「やらないこと」を意識する

なぜ，「NOT TODO リスト」なのか

　私が感銘を受けた本の1つに，芸術家の岡本太郎さんの著書『自分の中に毒を持て』（青春出版社）があります。その中の一節にこうあります。

　「人生は積み重ねだと誰でも思っているようだ。ぼくは逆に，積み減らすべきだと思う」

　すばらしい言葉ですね。仕事というと，あれもこれもとどんどん積み重ねてしまいがちですが，それは非効率です。

　なぜなら，時間もエネルギーも有限だからです。大切なことは「これはやらない」と決めることです。これをやってしまうと時間を浪費してしまうということを，自分の中で禁止するルールをつくるのです。

　これは，誰かが与えてくれるものではなく，あくまで自分で制約を課すことでできるものです。ですから，本書を読んでいるあなたにはぜひ実践してほしいことの1つです。

　では，ここで，具体的に私の始業前にやらないことリストを紹介します。

【朝の NOT TODO リスト】
その1　ルーティンな文書作成・経費精算等の単純作業
その2　形式的な打ち合わせ
その3　ネットサーフィン

このようにして私は，脳のゴールデンタイムである「朝の時間」を大切にしています。これはちょっとしたことですが，継続することで仕事の生産性は確実に上がっていきます。**自分なりのNOT TODOリストをつくり，やるべきことにフォーカスする。**当たり前だと思うことを当たり前にすることが，自分の時間を大切にする考え方なのです。

「NOT TODOリスト」を守るために…

あなたがNOT TODOリストをつくっていても，どうしても困ってしまうような依頼をされた場合には，断ることも必要です。そんなときには，次のようなことに気をつけると，相手にも悪い印象を与えません。

【ステキなNGの伝え方】

①とりあえずポジティブな反応をする

イエスという言葉を口にしてはいけません。何を言うべきかは，次の例を参考にしてみてください。

「声をかけてくださり，ありがとうございます……」「面白そうですね……」

②最初のフレーズに「でも」「ですが」をつけない

代わりのフレーズとして，「それなら」「でしたら」と続けるか，「残念ですが……」がベターでしょう。

③賢い言い訳をする

個人的に愛用しているのは，「できることなら」「ぜひ手伝いたい」「引き受けたい」と言ってから，丁寧な口調でこう断る方法です。

「今は●●（別の仕事）に全力を尽くしている状態で，これ以上何かを引き受けたら，今の仕事を任せてくれた方に申し訳ないので……」

最初は心苦しいかもしれませんが，自分の時間を守る断り方を身につけていきましょう。

2章

授業
―基本と入念な準備で
教師ライフを変える

01 ここだけはおさえる基本&
働き方を変えるポイント

ここだけはおさえるポイント
・・・・・・・・・・・・・・・・・・・・・・・・・・・・・・・・・・・・
教師の仕事で最も重要なのは「授業」

やるときは「まとめてやる」

　小学校，中学校，高等学校，**どの校種でも教師の仕事で最も重要なのは授業**だと私は考えています。

　その理由はシンプルで，学校で生徒たちが一番時間を費やすのが授業だからです。教育のプロとして，そのような大切な授業をおろそかにしてしまっては本末転倒ではないでしょうか。

　学校における授業の重要さを再確認できたところで，私が授業準備で心がけているポイントを3つ紹介します。

　まず，1つ目は**授業準備をするときにはまとめてやる**ということです。その理由として，授業というのは単元ごとに大きな流れがあります。大きな流れの中で，その1時間の授業の位置づけを考え，生徒たちが学ぶべき内容を精選していくことは教育実習で再三指導を受けたことですね。

　加えて，同じことをまとめてやるほうが，時間管理の側面から考えても効率的だからです。ですから，授業準備をするときにはその日の1時間だけの準備をするのではなく，そのテーマ，あるいは，その単元全体の流れを考えつつ，生徒に伝えたいことをパズルのピースのように埋めていくイメージで私は授業構成を考えています。教科・科目によって多少の違いはあるかと思いますが，参考になれば幸いです。

マルチタスクは「向かない」

　2つ目のポイントは，**授業準備と別の仕事を同時進行するようなマルチタスクをしてはいけない**ということです。前述のように，授業準備はまとめて集中してやるほうがより質の高い授業となります。マルチタスクで作業すると，1つ1つのことに対する集中力が著しく下がるため，どうしても授業の質が落ちます。

　むしろ，**どうしてもマルチタスクで仕事をしなくてはいけないときには授業準備はしないほうがよい**とさえ，私は考えてしまいます。経験を積み，ベテランになってくると，それほど準備に時間を要さずに授業ができるようになります。そうなればマルチタスクで授業準備ができるかもしれませんが，まずは自分自身の授業力を高めることに時間を費やしてください。

授業準備は「時間割に組み込む」

　3つ目のポイントは，**授業準備の時間を時間割に組み込む**ということです。これは中学校・高等学校の特徴ですが，必ず毎週，決まった時間に空き時間ができます。その授業がない空きコマの時間に「この曜日のこの時間にはこの科目の授業準備をする」というように決めてしまうのです。

　教育現場はいろいろなことが起こりますから，イレギュラーな会議や生徒・保護者対応，あるいは自習監督が入ってしまうこともあります。それでも，基本的にはその空きコマでやると決めておきます。すると，半強制的に授業準備をすることになりますから，他の仕事に追われて授業準備ができなかった……ということが減ります。

　多忙な現場ではついつい後回しになりがちな授業準備。あなたも，それはいけないことだとわかっていながらもジレンマを抱えている1人かもしれません。少しでもよいので，授業にかかわる時間を増やしていきましょう。

02 1時間だけでなく 「1週間」スパンで考える

授業の「流れ」を大切にする

授業内容の「軽重」を見極める

　本書を手に取るような熱心なあなたには釈迦に説法かもしれませんが，授業は1時間ごとに独立しているわけではなく，それぞれの時間が密接にかかわり合っています。

　授業によっては，**ここは重要な内容，ここは流してよい内容……というように内容に軽重，言い換えれば山・谷がある**といってもいいでしょう。

　それらを見極めるためには，1時間ずつの教材研究・授業準備ではなく，1週間くらいのスパンで授業構成を考えると，授業の山・谷が見極めやすくなります。

　そして，この時間でまとめをして，この時間でこの内容を課題にし，この時間で小テストを実施しよう……というように先を見据えられるようになると，授業準備はだいぶ楽になります。

　どうしても現場は忙しく，なかなか教育実習生時代のようにじっくりと時間をかけて教材研究はできないのが現実です。これは自戒の念を込めて書きますが，その場その場の授業になってしまうこともあります。

　しかし，少しでもこのようなことを意識して授業準備をするだけでも，あなたや生徒たちの授業に対する姿勢が変わってくると私は信じています。まずは，できることから意識してみてください。

授業準備時間を「区切る」

　もともと，教えることが好き，あるいは，勉強することが好きだからこそ，あなたは教師になったのだと思います。そんなあなたですから，教材研究に取り組み始めると，ついつい夢中になってしまうこともあるでしょう。

　夢中になって教材研究をすること自体は，教師の本懐ですから願ってもない時間なのですが，教材研究ばかりをやっているわけにもいきません。ですから，**授業準備に要する時間はあらかじめ決めておく**というのが私のスタイルです。せっかく夢中になっているのにもったいない……という考え方もあると思います。ただ，現場では授業以外のことが気になり，なかなか教材研究に集中できない場合もあるため，制限時間を設け，そのときだけは授業のことだけを考える……というほうが集中できるというメリットもあります。

　また，時間を区切ることでメリハリができるのでダラダラと教材研究をしなくなります。ただでさえ，限られた時間で授業準備やそれ以外の業務をこなさなくてはならないのですから，主体的に時間をコントロールする意識をもちたいものですね。

「授業の記録」をつける

　私は前述の『スクールプランニングノート』に，授業の記録をとっています。そこには，その日の授業内容（教科書のページだけの簡単な記載），出した課題の内容，次回への連絡事項などをメモするようにしています。

　たまに，教科書やテキストにその日の授業進度をメモする教師がいますが，できれば一覧しやすい1つのものに，自分が担当しているすべての授業の情報を集約するほうが好ましいでしょう。

　この授業メモをとることで，今後の授業進度の目安になりますし，次年度の授業準備の際にも役立ちます。**記憶よりも記録**，覚えておいてください。

03 教科書・テキストは 「最高のツール」

 ここだけはおさえるポイント

まずは「教科書内容」を徹底する

考え尽くされているのが「教科書」

突然ですが，質問です。あなたは次のどちらのタイプですか。

①教科書・ノートを使って授業をする
②プリントを使って授業をする

ほとんどの方は，①と②を併用しながら授業をされているのではないでしょうか。ただ，①と②のどちらを重視して授業を構成するのかといえば，私は①と即答します。

理由を説明します。どの会社の教科書も，学習指導要領をもとに綿密に単元やカリキュラムをふまえながら構成されています。その教科書をないがしろにして，自作のプリントだけで授業をするのはもったいないと私は考えているからです。

もちろん，教科書内容の補填や演習量を確保するためにプリントを活用することは大賛成です。実際，私もそのような授業をしています。

しかし，生徒に教える内容の根本となるのは教科書であり，その内容を徹底した上でプリントを活用する。これこそ，私が声を大にして伝えたい授業についてのこだわりです。

教科書「を」教えるわけではない

教科書「を」教えるのではなく，教科書「で」教える

　これは，私が教育実習のときに教科指導担当の教師からご指導いただいた内容の中で，いまだに覚えている言葉です。

　勉強熱心なあなたには解説するまでもないかもしれませんが，念のため説明しておくと，授業は教科書をそのまま教えるのではなく，教科書を用いて必要な内容を伝えるということを示している言葉です。

　先ほど，私は教科書を重視するということを書きましたが，教科書をそのまま教えるわけではないのです。あくまで，教科書ベースで生徒たちに教えるべきことを教えていくというスタンスです。

「横断的」な教科書の活用法

　最後にもう1つ，教科書の横断的な活用方法についてふれておきます。それは，**自校で採用している教科書会社以外の教科書にも目を通す**ということです。

　どの学校でも，使用している教科書会社はそんなに変わることはないのではないでしょうか。改訂があるにしろ，同じ会社の教科書を使い続けることは教材研究という面では楽かもしれません。

　しかし，試しに他の会社の教科書も手に取って読んでみてください。すると，同じ単元であっても異なるアプローチで説明したり，単元そのものの順序が異なっていたりと，普段の教科書とは異なる教授方法を目にすることができます。

　これはいくつかの会社の教科書を見比べるとより実感できることですので，試したことがない方はぜひ意識してみてください。

04 教材研究には「メリハリ」をつける

研究（公開）授業は「フランス料理」だと思え

　研究（公開）授業では，普段以上に指導案や教材を念入りに準備する教師は多いと思います。では，そのようなクオリティで普段の授業をやろうと思ったら……，私はここまではできないなと思ってしまいます。真面目な方であれば，このようなジレンマをもってしまうかもしれません。

　しかし，ここで認識してほしいのは，**研究（公開）授業は料理でたとえるならば，フルコースの「フランス料理」**だということです。よほどのお金持ちでもない限り，毎日フルコースを食べることはほぼ不可能です。それに対し，普段，私たちが口にするのはご飯やみそ汁におかずなど，身近な食材を使った食事です。いわゆる**「おふくろの味」が，普段行っている授業**です。

　普段の授業は教科書や資料集など，使い慣れた教材で，いつも通り授業ができるよう準備をしておけばよいのです。

　私が書かずともご存じの通り，毎回の授業で研究授業ほどの念入りな準備をやっていたら，あなたの負担が大きくなり，他の学校業務にも支障が出てきます。授業準備においては，研究授業と普段の授業は少し違うものだと割り切り，自分のできることをできるだけやればよいのです。

「2種類の授業」の違いと考え方

研究（公開）授業＝フランス料理

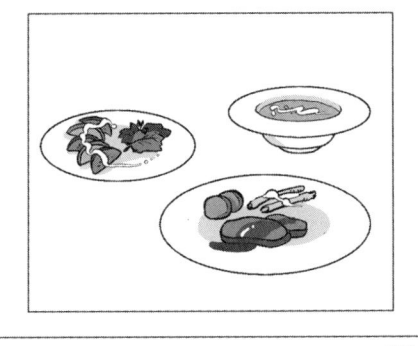

一流の食材
(教材等の厳選)

一流の技術
(発問の精選等)

一流の意識
(とことん限界まで考える)

普段の授業＝おふくろの味

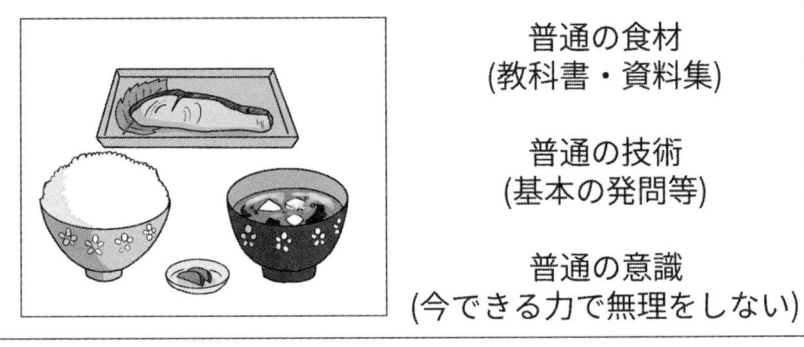

普通の食材
(教科書・資料集)

普通の技術
(基本の発問等)

普通の意識
(今できる力で無理をしない)

05 授業の「ゴールイメージ」を明確にする

その1時間のゴールを「一言」で表す

あなたが旅行をするときに最初に決めることは何でしょうか。そうです，目的地です。1人旅で行き先を決めずにフラフラすることを除けば，たいていの場合，どこに行くのかを決めてから旅行に出発するはずです。

それと同じで，1時間1時間の授業もゴールを決めるほうがよいのです。そのゴールに向かって，何を書き，何を話し，何を生徒たちに考えてもらうのかをイメージして授業を構成できるからです。

できれば，授業のゴールは一言で表せるほうがよいですね。

たとえば……

「ラ行変格活用について覚える」
「時制の一致について理解する」
「2次関数のグラフをかけるようにする」
「酸化還元反応について理解する」
「江戸三大改革についてまとめる」

というように，**一言で言いきれるほうが，授業のゴールがより明確になります**。毎回の授業ごとに意識してみてください。

生徒に「何をできるようになってほしいのか」

先ほどの授業のゴールについて考えるとき，もっと具体的な内容に落とし込んでいくと，その授業で生徒に何をできるようになってほしいのかということにたどりつきます。

たとえば，このような本にも，私なりの目的があります。

「高校教師に効率的な仕事の考え方・やり方を紹介し，自分の時間を生み出してもらう」

このように生徒たちにも，具体的な内容に落とし込み，どのようなことを学んでほしい，あるいはできるようになってほしいのかを考え，そこから逆算して授業内容を考えます。

私は数学科教師なので，授業での一例を挙げると次のようになります。

| 授業の目標 | 「2次関数のグラフをかけるようにする」

この目標を達成するためには……

---

①2次関数の式を平方完成する
②平方完成した式から頂点を求める
③グラフの形（上・下に凸）を把握する
④y切片を求める
⑤グラフをかく

というような流れになります。

上記はあくまで一例ですが，自分の教科・科目について，**生徒に「何をできるようになってほしいのか」というゴール・目的から逆算して授業構成をする**クセを身につけていきましょう。

06 授業で「起承転結」を意識する

ここだけはおさえるポイント
1回の授業の「流れ」を考える

「起承転結」は1つのフォーマット

　起承転結というのは，本来，4行からなる漢詩の絶句の構成を指します。日本においては，本来の意味から転じて，文章やストーリーを4つに分けたときの構成，または各部の呼称としても使われているのでよくご存じだと思います。

　それを授業構成に活かすとはどういうことなのでしょうか。栗田流の「授業の起承転結」について説明します。

【栗田流「授業の起承転結」】
①起　「導入」

　文字通り，授業の始まりを示しています。導入部分はその日の授業のきっかけとなる部分です。生徒が考えやすく，とりかかりやすい題材を選んでおくと授業に入りやすくなります。

　高尚な内容でなくとも，生徒たちの興味・関心を引くようなテーマであれば問題はないと私は考えています。

　もっといえば，生徒の心を開くために，ときには授業と無関係な雑談から始めることも私は厭わないタイプです。

②承 「説明」

　授業における幹となる部分です。普段，授業の説明における私なりのこだわりは，**「KISS の原則」**に従うことです。これは，**「Keep It Short & Simple.」**の頭文字をとったもので，とにかく「短く」「単純に」まとめることがわかりやすくするためのコツだということです。

　話すときには「。」を多くつける，書くときには箇条書きにする。これらを意識すると，自動的にこの原則を実践できます。ぜひ，試してみてください。

③転 「発問・問題演習」

　授業における「転」は，発問や問題演習です。ずっと教師が話し続けると生徒によっては退屈したり，眠くなったりしてしまうこともあります（そうならない魅力的な授業ができるあなたはすばらしいと思います）。

　ですから，発問を通して生徒自身に考えさせたり，問題演習を通して生徒にアウトプットさせたりします。説明を聞くだけの授業ではインプット重視になってしまい，なかなか学習内容は定着しづらいものです。

　必ず，**授業ではインプットとアウトプットを併用する**という意味でも，この「転」は非常に重要です。授業のどの場面でどのような発問をするのか。どのようなタイミングでどのような問題を解かせるのか。これを意識するだけでも，生徒たちの授業内容における定着度が大きく変わります。

④結 「まとめ」

　小学校の授業ではないので，その日の授業のまとめを，生徒全員で声を出して読み上げる必要はないかもしれません。

　高校生の授業のまとめは，**ゴールセッティングである問題が解けたかどうか，概念が理解できたかどうか**，あるいは，**生徒自身が説明できるかどうか**で確認します。ポイントや注意点を伝えることも，立派な授業のまとめになることを覚えておきましょう。

07 授業の「ねらい」の考え方

その授業の「ねらい」とは？

　教科・科目によって多少の違いはありますが，授業のねらいは大きく分けて２種類あると私は考えています。

【授業のねらい①】
覚えてもらいたい（理解してもらいたい）内容は何か？
　これは，生徒の頭に入れてほしい内容が何かを明確にし，授業のねらいにするということです。
　大切なことは教科書やテキストに書いてあるわけですから，読んで覚えることになりますが，ただ「覚えなさい」では芸がありません。ぜひ，あなたならではの覚え方のコツを伝えるようにしましょう。

【授業のねらい②】
できる（解ける）ようになってほしい内容は何か？
　どんな問題を理解して解けるようになってほしいのかをねらいにすることも有効です。これは理数系の教科・科目のねらいに多いかもしれません。
　いわゆる，ゴールとなる課題を設定するということですね。この問題を解くためにはどのような知識やテクニックが必要なのかを逆算し，それを授業

に組み込んでいくイメージです。

　このねらいは達成できたかどうかが明確にわかるので，比較的設定しやすいねらいです。あなたの現場経験が多ければ，「この単元ではこの問題が頻出である」ということがわかると思います。その事実を生徒に伝え，その問題を解くことを授業のねらいにするわけです。

　いずれのねらいにしても，「なぜ，そのねらいなのか」を明確に生徒たちに伝えられることが重要です。あなたの考えを根拠とともに伝える癖をつけていきましょう。

「過程」と「結果」，どっちが大事？

　2種類の授業のねらいについて認識していただいたところで，それらの授業のねらいが達成できたかどうかを確認する方法について説明します。

　授業のねらいは，基本的に第三者がチェックできるものが望ましいです。ただ，ここで話題に上がるのが，そのねらいを達成できたかどうかは過程と結果のどちらを重視するのかという点です。

　私の答えは**どちらも大事**です。勉強熱心なあなたであればもうご存じの通り，模擬試験や入試で問われるのは，結果だけとは限りません。

　数学や理科の記述式試験であれば，最終的な答えが合っていても，途中式や考え方の過程がわからなければ減点されてしまいます。逆に，最終的な答えが出ていなくても，途中まで過程が書けていれば部分点をもらえる場合もあります。

　とはいえ，どんなに過程が正しくても，問われていることに対して正しい解答が書かれていなくては○をもらうことはできません。その問題で聞かれていることに正しく答える力は必須です。

　このような理由から，私は過程と結果の両方を重視しています。今まで無意識に指導してきたあなたは，ぜひこの2つを意識してみてくださいね。

08 生徒の「理解度」をチェックする

小テスト・課題の「長短」を知っておく

　授業のねらいに対し，その達成度を確かめる方法がいくつかあります。その中でも，ここでは**小テストと課題による理解度の確認**についてふれます。

　この2つの方法は，すでにあなたは授業で実践されているとは思いますが，具体的にそれぞれのメリット・デメリットについて考えたことがあるでしょうか。

　私が考える，それぞれのメリット・デメリットは次になります。

【小テスト】

○メリット

・スモールステップで理解度をチェックできる

・途中過程や点数で理解度が一目瞭然

・適度な緊張感をもって取り組ませることができる

×デメリット

・必ずしも努力が点数に表れるとは限らない

・その場しのぎになる場合もある

・慣れが出てきてしまうと，真剣に受けられない生徒が出てきてしまう

【課題】

○メリット

・自分のペースで取り組める

・努力が成績評価につながりやすい

・授業以外の家庭学習を促せる

×デメリット

・教師によって評価に甘い・辛いがある

・評価方法について教師同士の共通認識が必要

・締め切りを守らなければ点数が下がる or なくなる

　いかがでしょうか。私はこれまで，あまり上記のことを意識しながら実践してきませんでした。すでにこれらのメリット・デメリットを把握されている方はさすがです。

　それぞれの理解度のチェック方法の長短を意識した上で実践していきたいものですね。

「つまずきやすい部分」が見極めのポイント

　私が**理解度をチェックする際に意識していることは生徒がつまずきやすい部分を理解できているか否か**です。

　授業中，何度もあなたが指摘したり，注意していたりしても，実際に生徒が意識して考えることができていなければ，それは理解できているとはいえません。

　小テストであれ，課題を提出させる場合であれ，生徒がつまずきやすい部分に注目することは教師の力量が試されるところでもあります。すでに意識している方も多いと思いますが，あらためて自分自身の授業について，振り返る材料として確認していきましょう。

09 生徒が「主体的」になる工夫をする

ここだけはおさえるポイント

生徒に授業の「主導権」を握らせる

ポイントになるのは「発問」

　アクティブ・ラーニングが話題となって久しいですが，生徒たちが主体的に学ぶための取り組みの1つとして，発問が重要であると私は考えています。

　生徒たちにただ単に「主体的に学びなさい」と言っても，それは難しいでしょう。主体的に学ぶためのきっかけとなるのが発問なのです。

　ここで，発問に関する不思議で大切なことをお伝えします。次の発問を読んでみてください。

「昨夜，あなたは夕食で何を食べましたか？」

　さて，どうでしょう。私は答えを聞いていないのに，あなたはついつい昨夜何を食べたのか考えてしまいませんか。これが発問によって引き起こされる不思議な現象です。ここで伝えたいのは，人は発問されると次のことをしてしまうという事実です。

①思い浮かべて

②考えてしまう

　発問し続けるということは，聞き手である生徒たちに考えてもらうきっかけを与え続けるのと同じです。だからこそ，授業が活性化するのです。

①**思い浮かべて**というのはどういうことでしょうか。具体例を用いて説明しましょう。次の一文を読んでみてください。

「ピンク色のゾウをイメージしないでください」

いかがですか。ついついピンク色のゾウ（あるいはゾウの形をしたぬいぐるみやキーホルダーなど）をイメージしてしまいませんでしたか。

人は，**言葉で伝えられると，それが禁止を意味するものであっても，思わずイメージしてしまう脳の習性**があります。

②**考えてしまう**というのは，冒頭の夕食についての発問のように，**ついつい自分で答えを探してしまう脳の習性**を表しています。

つまり，問いかけておけば，脳は自動的に答えを探し続けてくれるというわけです。これほど便利な検索エンジンはありません。

このような2つの理由から，発問によって生徒が主体的に授業に取り組めるようになります。たかが発問，されど発問。ぜひ，意識して発問を授業に取り入れてみてください。

早く「チョーク」を渡す

もう1つ，具体的に生徒に主体性をもたせる手法として，**私はなるべく生徒にチョークを持たせる授業構成**を心がけています。理由は，**物事を習得するためにはインプットとアウトプットのバランスが重要**だからです。私なりの考え方として，授業を聞く・ノートを書くことはインプット，問題を解く・発問する・発表することはアウトプットと考えています。高校の授業はどうしてもインプット重視になりがちなので，**チョークを持たせることでみんなの前で発表させ，アウトプットを行わせる**ねらいがあります。これは意識すればすぐ実践できることですのでお試しください。

10 「ASK の法則」を意識する①

「Ask の法則」とは？

　私は，授業やホームルームで発問するときに心がけている3つのことがあります。尋ねるという意味の英単語になぞらえて，それらを「ASK の法則」と呼んでいます。

---

① **Accept（受け入れる）**
　どんな発言でも一度は「受け入れる」
② **Seek（見つけ出す）**
　生徒の興味・関心を「見つけ出す」
③ **Know（知る）**
　発問で得られるものを「知る」

発問における「大前提」

　まず，発問する際の心がけについて，一番大切なことをお伝えします。それは，**誰のどんな答え・意見でも一度は「受け入れる」**ということです。
　先ほどの「ASK の法則」では，Accept にあたります。

ここで，自分自身が授業を受ける側だったときのことを思い出してみてください。

　教師が発問したとき，あなたはすぐ手を挙げて発言できる子でしたか。私はそうではありませんでした。理由は，間違うのが怖かったからです。みんなの前で答えと違うことを言って恥をかくのが嫌だったからです。

　この気持ちを知っている，あるいはこんな経験をしている教師は，同じような気持ちの生徒たちのことがわかっているので，発問するときにも配慮することができます。

「間違ってもいい」

　このたった一言が言えるかどうかで，生徒たちの学ぶ姿勢が大きく変わります。この一言は，「どんな発言でも答えとして受け入れますよ」という教師側の意思表示です。

　そのような安心できる授業環境では，正解・不正解に関係なく，子どもたちが積極的に発言できることでしょう。これは，アクティブ・ラーニングにおける大前提となる考え方です。

　せっかく発問するのであれば，子どもたちが前向きに考えてくれるほうが教師冥利に尽きるというもの。

　授業での間違いとは，間違いではなく，理解への第一歩。

　このような意識をもって，子どもたちに接していきたいものですね。

11 「ASK の法則」を意識する②

発問で「見つけ出したいこと」とは？

　学校の授業とは，自分が知らないことを見つけ出す場でもあります。ですから，**教師としてあなたがすべきことは，発問を通して生徒たちが知らないことに気づかせ，共に考えていくこと**です。

　ただし，ここで気をつけておきたいことがあります。それは，そこでの答えは時代によっても変わっていくということです。

　たとえば，一昔前は通信手段といえば固定電話くらいしかありませんでした。しかし，今では，ほとんどの生徒がスマートフォンを所持し，LINE や Instagram をはじめとする SNS など，多種多様な通信手段があります。つまり，人間の予測を大きく超えるようなことが起きているのです。

　ここで伝えたいのは，私たち教師がこれまでの常識だけで考えてしまうと，生徒の発想の可能性を見過ごす危険性があるということです。

　しかし，よくよく考えてみてください。教師が想定する模範解答を答えるだけの生徒を育てることに何の意味があるのでしょうか。

　今，目の前にいる生徒たちは，いずれ進学し，いずれ就職します。つまり，模範解答が存在しない社会という大海に，いずれは漕ぎ出していかなければならないのです。

そんなときに，模範解答しか考えられない生徒は，社会に出て苦労するのは誰の目にも明らかではないでしょうか。

　その生徒のことを思うのであればなおさら，授業や発問を通してその生徒が考えていること・興味をもっていることを見つけ出すことが教師には求められます。

発問で得られるものを「知る」

　発問に対する答えには，2種類あります。

　それは，**正しさを求めるもの**と**納得を求めるもの**です。この2つがあってはじめて学びが充実していくと私は考えています。

　たとえば，発問を通して，生徒たち同士で学び合いの時間を設定するとします。そんなときに，勉強が得意な生徒がそうでない生徒に教えてあげるというだけでなく，生徒それぞれの個性や考え方の違いを受け入れ，お互いのものをはめ込んでいくというようなイメージをもってみてください。

　お互いに話し合うことによって，

「そんなふうに答えが出るんだ」と自分とは異なる正しさを得る。
「そんな考え方もあったのか」とお互いに納得を得る。

　授業で，生徒たち全員が参加できるような発問をすることによって，多様な答え，考え方の中から，自分の答えを見つけていく。あるいは，自分の納得を見つけていく。

　それが発問を通して，生徒たちが得るものです。その手助けをすることが私たち教師の使命です。言い換えれば，**「生徒たちをやる気にさせる」**。これこそ，私たちに求められているスキルであり，教師として果たすべき最も重要な役割ともいえるでしょう。

　そのためにも，発問はとても重要な役割を占めています。

12 「5つの発問」を活用する①

「5つの発問」とは？

　私が授業やホームルームでよく使う発問には，次の5つがあります。

【栗田の発問テクニック】

① 「未来」発問

② 「板書」発問

③ 「なぜなぜ」発問

④ 「逆転」発問

⑤ 「達成」発問

　それぞれについて具体的な考え方や活用方法を紹介していきます。

それぞれの発問の授業への「活かし方」

【栗田の発問テクニック】① 「未来」発問

　「未来」発問とは，具体的に次のような内容の発問をします。

　「この授業ではどんなことを学びたい？」

　「この授業が終わったら，どんなことができるようになるといい？」

　このような発問を通して，授業のゴールイメージを生徒自身に考えてもら
うというわけです。これをするのとしないのとでは，授業中の集中力や理解

度に差が出てくることは明らかです。

　なぜなら，人間には**自分以外の誰かから言われたことには従いたくないと思い，自分で思いついたことには素直に従う**という心理的な性質があるからです。

　これは余談ですが，私は自分が講師を務める校内研修会や講演会でも，この「未来」発問を活用して参加者の意欲喚起に役立てています。

【栗田の発問テクニック】②「板書」発問

　板書には，話し手と聞き手の知識や理解度を共有できるという大きなメリットがあります。

　普段，あなたが教壇に立っているのであれば，何気なく板書をしているのかもしれませんが，このような大きなメリットを使いながら授業をしているわけです。

　そんな板書を使った「板書」発問のテクニックを２つほど紹介します。

　まず１つ目は，**黒板に書いてあること，あるいはそれがヒントになっていること**を聞きます。

　なぜ，そんな簡単なことを聞くのかといえば，授業中における生徒たちとのやりとりの回数を増やすためです。毎回毎回，考えさせる発問ばかりをしていては，生徒たちも疲れてきますし，授業時間も足りなくなります。

　ですから，たまにはポンポンポンと答えられるような発問をすることで，授業のリズムをつくっていくことも必要なのです。

　２つ目は，**これから板書する内容を聞く発問**です。これは，生徒たちにも少し考えてもらう必要があります。また，あえてそのようにしています。人間は苦労して身につけたものはなかなか忘れないというのがその理由です。

　ここでのポイントは，生徒の答えに対して，正解・不正解を重視するのではなく，どうしてそのように考えたのかをはっきり答えられるようにしてもらうことです。このような取り組みを通し，正解・不正解よりも生徒たちに考えてもらう過程を重視するように私は心がけています。

13 「5つの発問」を活用する②

それぞれの発問の授業への「活かし方」

【栗田の発問テクニック】③「なぜなぜ」発問

ネーミングからしてなんとなく予想がつくかと思いますが，ある発問の答えについて，さらに**「なぜ，そうなるのか（そう考えるのか）」ということを聞いていく発問スタイル**になります。

この「なぜなぜ」発問は，「なぜなぜ分析」という，トヨタ生産方式を構成する代表的な手段を参考にして考えたものです。

この発問をする意味は，「なぜ？」を繰り返すことで，深い学び・新たな気づきが得られる点です。

1つだけ注意点を挙げるとすれば，あまりにも生徒たちの理解度が低い状態でこの「なぜなぜ」発問を投げかけてしまうと，そこで授業が止まってしまうということです。私は，聞き手の状況を把握しつつ，「なぜなぜ」発問をたまに使うぐらいがちょうどよいと感じています。

【栗田の発問テクニック】④「逆転」発問

これはついつい正しさを求めてしまう授業において，あえて**その逆を示すことで正しさを見つけてもらうという発問**になります。

具体的には，次のような発問です。

・あえて間違ったことを聞く（どうして間違っているのか）

・あり得ないことを聞く（どうしてあり得ないのか）

・先に問題の答えを示し，「なぜ，こんな問題を考えさせるのか」というこ
とを考えてもらう

　発問の内容や発問する人，そして発問する順番を逆転させることで，様々
な気づきや学びが生まれます。間違うことを恐れず，「逆転」発問を試して
みてください。発問する側も柔軟な発想が身につくのでおすすめです。

【栗田の発問テクニック】⑤「達成」発問

　その名の通り，その授業で学んだことや身についたことについて発問しま
す。具体的には，次のようなねらいがあります。

・**その授業の理解度を確認する**

・**できたことにフォーカスすることで達成感を与える**

・**できるようになったことを自分自身でほめる**

　応用編として，授業の冒頭で前回の授業について「達成」発問をするとい
うのも有効な手法です。その発問で授業の導入が前時の復習にもなりますの
で，試してみてください。

　また，この発問は，授業の冒頭で行うであろう「未来」発問とセットにす
ると，効果は抜群です。**「未来」発問で授業のゴールを確認し，「達成」発問
でその達成度を確かめる**というイメージです。この流れで，授業の理解度や
満足度も高まるので，ぜひセットで使うように意識しましょう。

　ここまで私が活用している５つの発問について，その考え方と具体例を示
してきました。あなたの担当学年や教科・科目によって，向き・不向きがあ
るかもしれませんが，実践できるものから試してみてくださいね。

14 「実態」に合った教え方をする

生徒の「興味・関心」を見つける

私は転職歴があり，いくつかの高校や，学習塾でも講師（正社員）として働いていた経験があります。

ありがたいことに，そのいずれの場でも子どもたちから私の授業に対して高評価をいただいていますが，それは私に特別秀でた授業力があるからではありません。

私が意識していたのは，どの場所においても**目の前にいる聞き手，つまり，生徒の興味・関心について日頃からアンテナを高く張って敏感になっていたということ**だけです。

生徒の興味・関心を把握するとはいえ，あなたの専門教科に直結することだけを把握する必要はありません。休み時間の雑談や，授業中の生徒とのかかわりの中で，生徒たちがどんなことに興味・関心をもっているのかを知るだけでも十分意味があります。

なぜ，それだけでも意味があるのかといえば，**生徒たちは何を学ぶのかよりも誰から学ぶのかを重視する**からです。

具体的にいえば，機械的にカリキュラムを教え込む教師の授業よりも，自分たちのことを知ろうとする教師の授業のほうが集中できるということです。興味・関心を把握することにはこのようなメリットがあります。

内容の良し悪しは聞き手が「8割」

　ここで，生徒の実態に合った授業について考えてみます。そもそも，生徒の実態に合った授業かどうかを調べるには，次の2つの方法があります。

①理解度・達成度で調べる

　理解度・達成度で調べるというのは，課題を提出させたり，小テストや定期テストなどを実施したりして，チェックするということです。

　このやり方は，生徒の取り組みや数字で見てすぐわかります。その結果から，あなたの授業レベルや手法が生徒の実態に即しているのかを把握します。

②満足度で調べる

　これは，生徒自身にあなたの授業の満足度を確かめるということです。私は，授業担当クラスで授業についてのアンケートを定期的に行っています。

　実際に，私が実施しているのは，

❶授業がわかりやすい

❷先生の声が聞きとりやすい

❸板書が見やすい

❹授業を進める速さがちょうどよい

❺質問への対応が丁寧である

❻小テストや宿題で，より授業が理解できた

❼先生の授業に対する熱意が感じられる

❽総合的に評価してこの授業に満足している

という8項目について，A：あてはまる　B：大体あてはまる　C：あまりあてはまらない　D：あてはまらない，という4段階で評価してもらうものです。

　恥ずかしながら私の実績をお伝えすると，さまざまな学校・クラスで実施していますが，項目❽について，ほぼ8〜9割の生徒からAの評価をもらっています。このようにして，生徒の実態を把握することもおすすめです。

15 板書は「CHALK の法則」を意識する①

ここだけはおさえるポイント
....

練られた板書は「あなたの強み」となる

「CHALK の法則」とは？

　私は一度，教師を辞め，飲食業などの異業種を経験して，塾講師に転職した経験があります。

　その際，現場に配属される前に，約１か月間，研修施設で授業や生徒対応，保護者へのかかわり方などの研修を徹底的に受けました。そこでの経験が，今の執筆・講演活動につながっていくわけですが，そのような経験とこれまでの学びから，私は板書についての基本ルールを，学校で使用するチョークになぞらえて「CHALK の法則」としてまとめています。

「CHALK の法則」

① **C**olor（色）

② **H**eadline（見出し）

③ **A**ccount（説明する）

④ **L**ook back（振り返って見る）

⑤ **K**indness（親切心・優しさ）

具体的な「CHALK の法則」の活用法

ここからは具体的な「CHALK の法則」の活用法について紹介します。

「CHALK の法則」① Color（色）

まず，チョークの色使いについてです。黒板のチョークは白色・黄色・赤色（ピンク色）の3色が主流です。中には，オレンジ色や緑色，青色や紫色などの蛍光色もありますが，どこの学校にも置いてある3色で話を進めます。

ここで，質問です。

「黒板に書いたとき，一番目立つ色は白色・黄色・赤色のうち，どれだと思いますか」

私は新年度最初の授業で，担当するクラスの生徒たちにこれと同様の質問を必ずしています。子どもにこの質問について考えさせてから，その理由とともに私の板書ルールを伝えるのです。チョークの目立つ色の順位は，

第1位　黄色
第2位　白色
第3位　赤色

第1位が黄色の理由は，**黒と黄色をあわせた色は警戒色**と呼ばれ，人間の注目を集めるからです。この色の組み合わせが踏切や工事現場の表示など，注目を集めたい・注意を喚起したい場所に，よく使われているのはみなさんもご存じでしょう。だからこそ，黒板に黄色は特に目立つのです。私はこれを**「踏切効果」**と呼んでいます。

このように色合いを考えながら，板書案を練っていきましょう。

16 板書は 「CHALK の法則」 を意識する②

ここだけはおさえるポイント
・・・・・・・・・・・・・・・・・・・・・・・・・・・・・・・・・

「CHALK の法則」 を使いこなす

具体的な 「CHALK の法則」 の活用法

「CHALK の法則」 ② Headline （見出し）

　板書における 「見出し」 についてです。私が考える 「見出し」 には，次の 3 種類があります。

❶ヘッダー：学習内容・学習している箇所を提示する役割をもつもの

　テキストのページや単元，問題番号など，今，学習しているのがどの部分なのかを明確にするはたらきをもちます。

❷チェックポイント：学習内容の重要度を表すもの

　必ずおさえたい内容は 「重要」，問題の解法をスモールステップに細分化したものは 「ポイント」 という見出しを私はつけています。

❸プラスポイント：学習内容の理解を補填するもの

　授業内容に対する追記のようなものです。生徒の理解を補助する内容をメモのように付記します。

「CHALK の法則」 ③ Account （説明する）

　これは授業内容についての説明ではなく，**板書についての説明**をすることの重要性を指しています。

　高校生相手とはいえ，前述のようなチョークの色使いや見出しのつけ方，

板書についてのスペースのとり方や写し方など，細かく説明することで授業を学びやすくすることがそのねらいです。

「CHALK の法則」④ Look back（振り返って見る）

　板書を近くで見るのと，遠くで見るのとでは気づけることが違います。私はこれを「ムシの目」と「トリの目」という２つの視点をもつといっています。

　局所的・部分的に細かいところを見る視点を，小さな虫の目にたとえて「ムシの目」，大空から大地を眺めるように広い視野で物事を見る視点を，鳥にたとえて「トリの目」と表現してみました。自分の板書を確認するには，この２つの視点を意識して使い分けることが重要です。

　特に，机間指導の際，**教室の後ろから「トリの目」で自分の板書を振り返ってみることは板書のバランスを確認する**ために非常に有効なのです。

「CHALK の法則」⑤ Kindness（親切心・優しさ）

　５つ目の基本ルール，それは「親切心・優しさ」です。板書における「親切心・優しさ」とは何でしょうか。今まで説明した内容の中にも随所に盛り込んである内容なのですが，大事な考え方なので，あらためて説明します。

　これは，授業を受ける生徒の立場になって指示や確認をするということです。学習塾での研修時に，私がよく指導された内容でもあります。前述している内容以外には，次のたった２つです。

❶板書を消してよいかの確認

❷板書が見えるかどうかの確認

　「たったこれだけ？」と思われる方がいるかもしれません。しかし，これらのたった２つのことを実践しているだけで，生徒からは気づかいのある教師だと思われるのです。

　このような５つの板書の基本ルールを意識して，生徒が集中できる，満足度の高い授業をつくり出していきましょう。

17 ノートと板書を「連動」させる

板書案は「ノートベース」で

あなたは，板書案を考えるときにどのように考えていますか。私は，生徒がどのようにノートに写すことができれば学びやすいかを第一に考えます。

つまり，**板書案をノートベースで考える**，ということですね。黒板にどう書くのかだけを考えていると，ノートに書きづらい内容になりかねません。必ず，授業を受ける側のことを考えながら板書を考えるのが基本です。

本書を手に取るような熱心なあなたであれば，すでに実践しているとは思いますが，私はまず**自分のノートにどのように授業を展開するのか**を書いていきます。それができ上がったところで，その内容を板書にどう反映していくのかを考えるのです。ノートと違い，黒板は横長ですから，どのように書いていくのかを考えます。この順序で考えると，ノートと板書が連動することになるので，生徒が学びやすい板書になります。

見やすい板書＝「写しやすい板書」

上記のように，私が考える「見やすい板書」は「写しやすい板書」とも言い換えられます。ノートを写すこと自体が授業の第一目標ではありませんが，ノートを書くことにいちいちストレスを感じていては生徒が勉強に集中でき

ません。集中できる環境をつくるために私たち教師も意識すべきことがあるのです。見やすい板書にするために私が意識しているのは次のことです。

❶学ぶ方法・順序を見せる

授業では，まず全体像を見せるということは有効です。それから細分化して考えると，よりわかりやすくなります。

❷フレームワークを見せる

フレームワークとは，「何かの概念や考え方を自分なりにまとめて整理したもの・枠組み」です。生徒にたくさんのフレームワークにふれさせます。

❸文字以外のイメージを活用する

教科・科目の特性もありますが，図や矢印などを活用して，板書をわかりやすく工夫するのは効果的です。

❹消すもの・残すものを決める

板書の中で，何度も出てくる考え方・公式は残し，数値だけを変えて類題にできるものは数字だけを消す。このように意図的に板書を残す・消すということを意識します。

❺生徒の考えを残す

生徒たちの意見を書きとめたり，ときには生徒に書かせたりして，学びの過程を残します。

❻プレートやマグネットを活用する

授業でよく出てくるキーワード，解法のフレームワークはプレートやマグネットを用意しておくと，効率よく授業展開ができます。

❼文字飾りのルールを決める

色使いやアンダーライン，囲み線などをあなたの気分によって使い分けるのではなく，ルールを決めて，それを生徒と共有します。

❽箇条書きにする

板書はシンプルにすることが基本です。そのために，箇条書きはとても有効な手法です。シンプルにまとめられる箇条書きを意識してみてください。

18 板書案は「再利用」する

ここだけはおさえるポイント

毎回「ゼロから」では疲弊する

必ずしも「オリジナルでなくてもよい」

　板書案はオリジナルのものを考えなくてはならない……と考えてしまう方もいるようですが，他の教師の板書でも，自分が「わかりやすい」と思った板書はどんどん真似するのが私のスタイルです。

　生徒のことを考えれば，**よりよい授業を届けるのが私たち教師の使命**でもあります。そのためには自分のオリジナルにこだわる必要はないのです。

　以前，教師を辞めて，塾講師として勤めていた頃のことです。私が勤務していた地域では月に1回，講師が集まり，お互いの模擬授業を生徒目線で受けるという研修会が行われていました。その研修会のねらいは，お互いの板書を見て，参考になる部分を吸収することです。このようにして，お互いの授業力，板書力を向上させていたのです。

　それと同じように，他の教師のよりよい板書を真似するのです。何も言わずに真似することに抵抗がある方は，その教師に，

　「○○先生の板書がすばらしいので，**サンプリング**させていただいてもよろしいでしょうか」

と聞いてみましょう。相手は決して嫌な気はしないはずです。

板書を「熟成」させていく

　忙しい毎日の中で，毎回新しい板書案を考えることはできないでしょう。実際のところ，前年度の板書案の焼き直しで授業を回すこともあるのではないでしょうか（私はあります……）。

　それでも，必ず回数を経るごとにあなたの板書はよりよいものになっています。決して，時間がなくて**授業準備が満足にできない自分を卑下することはありません。**

　たとえば，老舗のうなぎ屋の"たれ"をイメージするとよいかもしれません。代々，創業以来の"たれ"に新しいものが継ぎ足されていくとよくいわれています。その結果，あじわい深い味になるのです。

　これと同じように，あなたのこれまでの板書に少しずつ工夫や修正を加えていくというイメージをもってみてください。前年度や以前使った板書を活用することは怠惰ではなく，私は**板書の熟成**と考えています。

　具体的に私が実践していることは以下のようなことです。

①その日の授業を終えて，板書の改善点や改良点を考える
②自分の板書ノートや指導案に即座にメモする
③加えて，生徒がつまずいた問題や疑問に感じやすい部分もメモしておく
④上記のメモを次の授業で見直す

　このような取り組みを繰り返すことが「板書のPDCA」となり，あなたの板書をよりよくしていきます。

　ここで大切なことは板書を書きっぱなしにしないことです。授業後，ほんのわずかな時間でもよいので振り返るのです。この振り返りは，必ずあなたの板書力を向上させます。たとえ，単元やテーマが異なる授業であっても，その振り返りが活かされることを，私自身の経験から強く感じています。

3章

部活指導
―効率化＆協力で
　教師ライフを変える

01 ここだけはおさえる基本&
働き方を変えるポイント

 ここだけはおさえるポイント
....

「部活動負担」で自分を壊さない

部活動は「業務命令ではない」

　働き方改革が話題になって久しいですが，「教師の労働環境がブラックである」ということが引き合いに出されます。

　その最たる例が，部活動でしょう。この章では，あくまで私自身の経験や学んできたことから部活動についての見解や対応策を述べていきます。

　まず，最初におさえておきたいのは，**部活動は絶対的な業務命令ではない**という点です。もちろん，校務分掌の中で部活動の顧問を任命され，日々，あなたは一生懸命，指導していることと思います。

　多少なりとも，部活動顧問手当が出ている（これも学校によって差がありますが……）とはいえ，その手当の額と部活動にかかわる時間を考えると，ほぼボランティアと考えてもおかしくありません。

　あなた自身が顧問をしている部活動自体を好きであれば苦痛に感じないかもしれませんが，ほとんどの教師は自分が好む・好まないにかかわらず，顧問につけられます。そんなときにあなたができることといえば，その部活動へのかかわり方を変えていくことしかありません。

　生徒たちの頑張りたい気持ちを汲みつつ，自分の生活も守る。これが，これからの教師が目指すべき部活動の「かたち」なのではないかと私は考えています。

当たり前を「疑う」

部活動を語る上で，どうしても頭に浮かぶのは**自分が中高生の頃の部活動のあり方**です。

これは，あなたの年代にもよりますが，当時，部活動指導では当たり前と思っていたことが今では非常識になっていることが少なくないのです。

たとえば，私は高校時代，バスケットボール部に所属していました。当時の顧問の指導で「練習中は水を飲ませない」という方針がありました。

今のスポーツ科学の見地からは考えられない指導だと思いますが，当時はそのような部活動が少なくなかったと私は感じています。

大切なので繰り返しますが，**今，常識だと感じていることが数年後には非常識になっている**こともあるのです。ここで伝えたいことはただ1つ。当たり前を疑ってみましょうということです。少々極端なことをいえば，1週間休みなく活動することが本当に技術の向上につながる，効率的なトレーニング方法なのでしょうか。顧問同士でよくよく考えてみることも大切です。

自分で「働きやすい環境づくり」をする

先ほど，部活動は絶対的な業務命令ではない，ということを述べましたが，実際の現場ではやらなくてはならないことであるのも重々承知しています。

そこであなたができることといえば，部活動へのかかわり方や考え方を変えていくことしかありません。もちろん，最終的には学校の体制や部活動の活動方法などの，大規模な働き方改革が行われるのが理想です。しかし，そのような大きな改革を行うことができず，不満ばかりがたまっていくのであれば，まずは自分の半径5mの範囲で変えられることから着手してみてはいかがでしょうか。それだけでも，今抱えている不安・不満が多少は解消・軽減されるかもしれないのですから。

02 「学校の体制」を理解し，工夫する

ここだけはおさえるポイント

「顧問」の振り分けは意外と曖昧

私がはじめて「顧問をした部活動」

　ここで少し恥ずかしいのですが，私自身の話をします。現在の勤務校に着任し，最初に顧問をした部活動は陸上競技部でした。

　ちなみに，私の陸上競技経験はゼロです。そのような私がなぜ，陸上競技部に配属されたのかという理由を考えると，そのときの学校の人事体制が第一の理由だとは思いますが，もう1つ思いあたる節がありました。

　それは，履歴書に「趣味：ジョギング」と書いたことです。信じられないかもしれませんが，それぐらいの理由で部活動の顧問が決められてしまうことがあるのです。そう考えると，必ずしも適材適所で顧問が配属されているわけではないですし，自分が専門としている部活動を担当できるとは限らないということも納得できるのではないでしょうか。

　その後，当時の校長の「新しく文化部をつくりたい」という意向があり，私は飲食関係の勤務経験があったことから，料理やお菓子をつくる同好会の創立を提案，現在ではその同好会の顧問を務めています。

　私の場合はレアケースかもしれませんが，**「タイミングをみて，自分の希望を伝える」「自分の専門分野を伝える」**など，自分が望ましい部活動の環境にするために動くことは誰にでもできるはずです。現状は変わらないとなげくだけでなく，できることから始めてみるのがコツです。

望ましい「顧問体制」をつくる

　次に，現状の部活動において自分ができることを考えてみると，**望ましい顧問体制をつくりあげること**が挙げられます。

　学校の体制にもよりますが，顧問が数人いる部活動であれば，毎日顧問の教師全員で指導するのではなく，交代で部活動をみるようにすれば，お互いの負担が減ります。

　顧問が1人しかいない部活動や同好会であれば，毎日活動するのではなく，週に2〜3回の活動にするなど，顧問の負担を軽減するようにしてもよいのではないでしょうか。

　必ずしも，毎日活動しなくては生徒の部活動に対する満足度が下がるということはありません。適度に休み，適度に集中するほうがより効果的なトレーニングになるという考え方もあります。

　練習試合や公式戦など，どうしても顧問全員で担当しなくてはいけない活動日と，普段の練習とでメリハリをつけることもできるはずです。

　では，さらに話を進めて，顧問同士の話し合い，そして，校長をはじめとする管理職からの承認を得て，部活動の活動日や練習時間を変更することになったとしましょう。

　ここで重要なことは，**活動日や練習時間の大幅な変更をする場合，生徒だけでなく，保護者に対しても説明すること**です。

　なぜなら，部活動によっては，期待される実績や保護者からの要望があるかもしれないからです。学校側が一方的に活動日や練習時間を変更してしまうと，不満を生み，部活動の運営にも支障をきたしてしまいます。

　生徒にも，保護者にも了解を得て，望ましい顧問体制をつくることは，一時的に負担はかかるとは思いますが，長期的に考えると，あなたの人生を豊かにすることだと覚えておいてください。

03 「生徒中心」でうまく回る部活動にする

> ここだけはおさえるポイント
>
> **顧問主導ではいつまでも「成長しない」**

「黄金の3STEP」を意識する

　部活動というと，どうしても「顧問が指導してそれを生徒が聞く・実践する」というスタイルになります。それでも悪くはないのですが，いつまでもそのスタイルを続けると，顧問がいなければ部活動が回らないという状態になってしまいます。

　部活動に限らず，教育活動の目的の1つは「自立」ですから，そのゴールに向けて，部活動の顧問として指導することも大切なことなのではないでしょうか。

　私は，生徒の自立に向けて次の**「黄金の3STEP」**を意識しています。

【栗田流　自立に向けた「黄金の3STEP」】
STEP① 「模範」

　まずは，顧問がお手本となる考え方や手法，やり方を伝えます。場合によっては，顧問自身が実践して見せることも有効です。よく聞くことですが，「まなぶ」の語源は「まねる」ともいわれるように，まずはゴールイメージを共有することが重要です。

STEP② 「協働」

次に，生徒たちと共に活動します。先ほどは模範を見せるだけでしたが，今度は実際に生徒が実践している中に入って，共に指導するというイメージです。口先だけで終わるのではなく，いっしょに活動するということがポイントです。

STEP③ 「自立」

最後は，上記のSTEP①・②を経て，生徒だけで実践する段階です。これまでは顧問の指導が入っていましたが，ここからは生徒自身が考え，行動するように促します。この段階をクリアすると，顧問が直接指導しなくても生徒たちだけで練習できるようになります。

リーダーシップを「後継する」

上記のような流れで自立への礎ができたところで，次にリーダーシップを育成します。私の基本的な考え方は，**リーダーに責任をもってもらうこと**。

運動部と文化部では違うかもしれませんが，私が顧問を務める同好会では，毎年，前年度の部長・副部長に次年度の部長・副部長を決めてもらいます。

基本的に，私は**部長・副部長をリーダーの資質がある・ないで決めることはありません**。部長・副部長の任を受けた生徒が，チーム全体を引っぱっていけるよう，見守っていくのが私の務めだと考えているからです。

毎年，部長が代わるたびに，多少なりとも部の雰囲気も変わりますが，それはそれで生徒たちは柔軟に受け入れています。大切なことは，顧問が思い描いた枠にはめ込むのではなく，生徒主導のチームをつくることです。そのためには，リーダーによってチームが変わることも厭わないほうが，生徒もやりやすいのではないでしょうか。

もちろん，リーダーとなった生徒には責任が伴うことも伝え，ことあるごとに，顧問と同じようにチーム全体への指導や管理・監督をしてもらいます。その過程の中でリーダーシップを育てていけばよいのです。

04 力の「抜きどころ」を考える

その部活動の「ゴールイメージ」をもつ

　誤解を恐れずに書きますが，私たちは子どもの頃から「何事に対しても一生懸命なことがすばらしい」という倫理観を植えつけられてきました。

　もちろん，教育的には間違っていないですし，すべてに不真面目に取り組むよりかは立派なことです。

　しかし，学校現場でそれを実践していると，早々に燃え尽きてしまうことは想像に難くないのではないでしょうか。特に，部活動はすべてに全力を尽くすと，時間とエネルギーがいくらあっても足りません。

　そこで，私がおすすめしたいのは，**自分が顧問をする部活動において，だいたいの「ゴールイメージ」をもつ**ということです。

　たとえば，運動部であれば，県大会まで出場できれば御の字なのか，それとも，全国大会を目指すのか。それによっても，練習量や取り組み方が変わります。

　念のために伝えておきますが，これはあくまであなたの頭の中に入れておけばよいことです。「この部は県大会に行くだけで十分だ」などと生徒の前で言う必要はありません。教師がある程度の「ゴールイメージ」をもつことで，練習量や活動時間にもメリハリをつけることができます。

　ただ，練習量を減らすことや休むことに抵抗を感じる人がいると思います。

しかし，休むことも立派なマネジメントであり，効率的に，かつ，集中して練習やトレーニングをするためには必要不可欠です。

　このような意識をもち，仕事の負担をコントロールしていきましょう。

技術指導よりも「チーム指導」

　部活動というと，どうしても顧問が大きな声をはり上げて技術指導をするイメージがあります。それだけですと，ずっと顧問が第一線に立ち続ける必要があります。

　私が技術指導に加えて重要視するのは，チーム指導です。チームマネジメントともいえるかもしれません

　顧問がいなければ動けないチームにするのではなく，部長・副部長をリーダーとして，自分たちで考え，自分たちで動けるチームづくりをするということです。

　そのためには，

・部長と副部長の指示系統を確立する
・部員それぞれの状況を把握する
・チーム全員で共通の目標を共有する
・お互いの意見交換の場を定期的に設ける

など，チームビルディングのために，顧問は時間とエネルギーを注ぐのです。最初は手がかかるかもしれませんが，チームができあがってくると，生徒主導で部活動が動きだします。その段階までもっていくことができれば，顧問の負担が軽減され，心理的にも余裕が出てきます。

　あなたの心や時間に余裕が生まれれば，新たな試みやチーム指導にさらに時間を注ぐことができます。この善循環スパイラルを回せるようにするためにも，チーム指導は重要な取り組みなのです。

05 複数人で「連携」する

顧問は「分業制」で行う

「休んではいけない」という前提を疑う

　私がまず，声を大にして言いたいのは，「活動を休んではいけない」という義務感を払拭することが第一だということです。

　これは生徒にも教師にも共通していえることですが，休むことに罪悪感をもってしまうと，心と体に必要以上に負荷をかけて活動してしまい，気づくと限界を超えていた……，というのはよくあるケースです。

　そうならないためには，生徒を守るという意味でも，

・最低，週に１回は部活動の「休日」を設ける
・各自の部活動に対する「意識調査」を行う
・負荷と休息のバランスをとりつつ，練習計画を立てる

というようなことを，顧問として最低限，意識しておきたいです。

　続いて，教師を守るためには，次のような取り組みが有効です。

・顧問同士で部活動の「休息日」を設ける
・顧問が１人の場合，部の「休み」自体を増やす
・シーズンオフのときには，練習日・量を変える

筋肉も，過度な負担を与えた後，休息することで超回復を経て鍛えられていきます。それと同じように，部活動にもメリハリが必要なのです。

生徒だって「休みたい」

　どんなに練習熱心な部活動であっても，部員は「休みたい」と考えています。それが如実に表れる瞬間は，部活動が急に休みになったときです。

　中には残念がる生徒もいるでしょうが，たいていの生徒は喜びます。これは怠けたいと考えているわけではなく，無意識でも「心や体を休ませたい」と考えているからです。

　部活動に休日を設ける以外の方法としては，通常の練習以外のことをするということが考えられます。

・チーム内でミーティングをする
・他校やプロの試合を見学に行き，技術や考え方を学ぶ
・その道の専門家やOB・OGを招聘し，話を聞く

　これらはすでに実践されていることかもしれませんが，いつもとは異なる活動をすることで，気分転換や技術の向上を図れます。

　複数人で顧問をしている場合，その人その人に得意な分野や指導しやすい内容があるので，それらの強みを活かすとよいでしょう。

　たとえば……

◎現役時代，専門でバリバリやっていた先生→技術指導に重きを置く
◎専門外だが勉強熱心な先生→練習メニューや練習日程の調整
◎コミュニケーション能力が高い先生→個々の生徒のメンタルケア

などのように，分業することでお互いの強みを活かすのです。

06 「外部指導者」を活用する

外部指導者に委託するときの「2つの壁」

　教師の部活動負担を減らすには，「部活動の休日を増やす」「練習量・時間を減らす」以外に，もう1つ方法があります。

　それは，外部指導者に依頼するという方法です。ここでいう外部指導者は，「その部活動を指導できる学校関係者以外の人」を指します。

　私が書くまでもないことかもしれませんが，部活動指導を外部指導者に任せっきりにするというわけではなく，共に指導していくというスタンスで臨むということですね。

　実際，私の勤務校でも外部指導者と共に指導している部活動があります。では，ここから実際に外部指導者を招聘するときの2つの注意点について考えます。

外部指導者委託の壁その① 信頼性

　学校関係者以外に委託するということは，事故や怪我など，何かがあったときには部活動顧問も責任を問われます。ですから，外部指導者には**専門性・人間性**という2つの面において，その信頼性が問われます。

　その信頼性がある方であれば，私たち教師と志を共にして，より効果的な指導ができると私は考えます。

外部指導者委託の壁その② 予算

　次に，外部指導者に委託する際に発生するお金についてです。完全にボランティアであることを除き，外部指導者に委託するときには必ず業務委託に対する料金が発生します。

　どのくらいの頻度・時間で，どのくらいの料金が発生するのか。それを確認し，勤務校の管理職にしかるべき手段で承認を得ることが求められます。

　また，部活動内で部費を集め，その部費から業務委託料金を捻出できるのであれば，そこから支払うのも1つの手ですね。いずれにせよ，お金の問題は必ずついて回るので，しっかりと確認・対応しておきましょう。

外部指導者の「候補」とは？

　前述の外部指導者委託の壁その①・②をクリアできる外部指導者候補にはどんな方がいるのでしょうか。次の3つのケースについて考えてみましょう。

ケース① OB・OG

　これは，あなたの学校の部活動の卒業生に，外部指導を委託するというケースです。現役時代からその生徒の人となりがわかっていることから人間性がわかった状態で委託できるのがメリットです。

ケース② 紹介

　人の紹介により外部指導を委託するケースです。知り合いや専門業者からの紹介など，いろいろな形がありますが，専門性が高い方にお願いしやすいというメリットがあります。

ケース③ 地域の方々

　最後は，学校周辺の地域の方々にお願いするというケースです。保護者経由で依頼することもあります。地域に根差した学校運営という意味では有効な方法です。

　上記はあくまで一例ですが，部活動指導の方法の1つとして頭に入れておくとよいかもしれません。

4章

会議・書類作成
—整理整頓と
　効率化が
　教師ライフを変える

01 ここだけはおさえる基本＆働き方を変えるポイント

ここだけはおさえるポイント

自己流ではなく，「仕事のやり方」を学ぶ

仕事は「ゴールセッティング」がすべて

　この4章では，私なりの仕事のやり方について，より具体的にその手法や考え方を紹介していきます。自分の仕事のやり方・考え方と比較しながら，読んでみてくださいね。

　まず，仕事についての基本的な考え方ですが，**ゴールセッティングがすべて**，だと言っても過言ではありません。

　たとえば，あなたが旅行に行くとします。そのとき，最初に決めることは何でしょうか。そうです，行き先です。あてのない一人旅というような場合を除き，ほとんどの場合は旅行の行き先を決めてから，観光場所や交通手段，宿泊先などの諸々のことを決めていくのではないでしょうか。

　これを仕事にたとえると，**旅行でいう行き先はその仕事の目的**です。それが明確に把握されていないと，時間とエネルギーだけを消費し，気づいたら疲弊しているという悲しい状況になりかねません。

　だからこそ，がむしゃらに仕事に取り組むのではなく，最初に立ち止まって「この仕事の目的，ゴールは何か？」と考える習慣を身につけることをおすすめします。なぜなら，そうすることで，どこに時間とエネルギーを注ぐべきなのかが見えてくるからです。

書類は「減らすこと」がすべて

　学校でどんどんたまっていくものの1つに書類があります。これは教育現場に限ったことではないかもしれませんが，デジタル全盛のこの時代でも，紙ベースで配付されるものが少なくありません。

　書類の処理方法によって，仕事のスピードが格段に変わると私は考えているくらいです。たいていの場合，配付された書類を確認し，穴をあけ，2穴ファイルに保存する……というのがルーティンになっているかと思います。

　しかし，**書類はため込んでいても再利用することはほとんどありません**。ですから，私なりの書類の処理方法の基本は，**書類を減らすこと**です。詳しい考え方，実践方法については後述します。

「効率化すべき仕事」とは？

　仕事には，「効率化すべき仕事」と「効率化すべきでない仕事」があると私は考えています。

○効率化すべき仕事
書類作成や事務処理などのルーティンワーク

△効率化すべきでない仕事
授業や生徒・保護者にかかわること

　これらはざっくりとした分け方ですが，このような認識をもってみてください。たったそれだけでも，自分で仕事を管理するという意識が生まれます。

　これまで，すべての仕事に全力で取り組んできた熱心なあなたは，仕事を仕分けして，自分の時間をコントロールしていきましょう。

02 会議の「意図・ねらい」を意識する

「連絡」なのか，「決議」なのか

　先ほど，仕事はゴールセッティングがすべて，ということをお伝えしました。これは，会議でも同様のことがいえます。

　教育現場では，さまざまな会議が設けられています。学年会議，教科会議，分掌会議，職員会議……。誤解を恐れずに書きますが，当たり前のように行われている会議に正直うんざりしている方もいるのではないでしょうか。

　たとえば，こんな経験はありませんか。会議資料として配付された書類を凝視しながら，提案者が書面とまったく同じ事柄・内容をただひたすら読み続ける……。

　私からいわせてもらえば，これは時間の無駄です。本書を手にするような賢明なあなたであれば，同様の考えなのではないでしょうか。

　どうしてこのようなことが起きてしまうのかというと，残念ながら，**教育現場では会議のやり方を教わる機会がほとんどない**からです。私は一時期，学習塾や飲食業など異業種で働いていた経験があります。ビジネスの世界では，会議を含め，いかに仕事を効率化するかを求められます。ですから，会議についてのビジネス書を1冊読めば，その要領はすぐにつかめます。

　ここでは簡単にまとめますが，会議で最も重要なのはゴールを明確にすることです。1つ1つの案件について，それは連絡なのか，決議なのかをはっ

きりさせることです。

　極論ですが，**ゴールなき会議はただの雑談**だと私は考えているくらいです。他の業務があるにもかかわらず，会議のために長時間拘束され，結局，何も決まらなかったときの脱力感を一度でも経験されている方は同じようなことを感じてくださるかもしれませんね。

　そのためにも，

連絡：書面を用意し読んでもらう。留意点・注意点のみ口頭にて説明

決議：最初に「〇〇について決議をとります」とゴールを伝え，そのための
　　　　情報や背景を参加者に伝える

　上記のような会議運営を行えば，その会議の有用性がはっきりし，以前に比べれば時間も短縮できます。

「時間」で区切る工夫をする

　上記のような案件の振り分けに加えておすすめしたいのが，**案件ごとに所要時間をあらかじめ設けること**です。たとえば，時間設定がないと，その会議での案件が5つあったにもかかわらず，1つ目の案件で会議の大半の時間を使ってしまい，残り4つについてはほとんど話す時間がなくなってしまう……ということにもなりかねません。

　以前，私が勤めていた学校では，**会議資料に案件ごとの提案者とその目安の所要時間が明記**されており，なるべくその時間内で進行するような形式をとっていました。

　もちろん，そのような手法をとっていても，所定の会議時間をオーバーしてしまうことはあります。しかし，参加者全員が時間について意識することで，無駄な時間を大幅に削減できるのです。

03 提案者になるときの「心得」とは？

> ここだけはおさえるポイント
> ┈┈┈┈┈┈┈┈┈┈┈┈
> **提案者の「3つの心得」を意識する**

提案者の心得① 「簡潔・シンプル」に話す

　ここでは，会議において提案者・発表者になったときの，私なりの3つの心得についてお伝えしていきます。

　まず，心得①は，**簡潔・シンプルに話す**ということです。これは，会議に限らず，授業や普段の会話でも大切なことです。ただ，あえてこの簡潔・シンプルに話すことを強調するのは，会議は多くの先生方の時間を拘束しているという認識が重要だからです。

先生方の時間を大切にすること
⇒無駄に時間を使わない
⇒簡潔・シンプルに話すこと

　このような考え方をもとに，提案者になるときには話す内容をその場で考えるのではなく，あらかじめまとめておきます。

　提案者が事前に考えてから話しているのか，それとも，いきあたりばったりで話しているのかは，だいたいわかります。なぜなら，会議に参加している先生方は話すプロなのですから……。そのような考え方をもとに，ちょっとした準備や意識で周囲の先生方からの信頼度は大きく変わるのです。

提案者の心得② あらかじめ「根回し」する

　あなたが提案者になるときには，あらかじめ**根回しをしておく**ことをおすすめします。根回しというと，あまりよい印象をもたない方もいるかと思いますが，会議に同席される先生方の時間を大切にするためにはとても重要なことです。

　具体的には，私は以下のようなことを根回しと呼んでいます。

・**案件について，事前に確認できる分掌・担当には確認をしておく**
・**案件について，要項を文面にまとめておく**
・**予想される質問に対して，関係部署・担当にその可否を聞いておく**

　このようなちょっとした手間をかけることで，あなたが提案する案件はスムーズに進行できます。

　その場にいる全員の時間を大切にする。これは意識しないとなかなか実践できないことです。ぜひ，あなたは一味違う教師になってくださいね。

提案者の心得③ 書いてあることは「話さない」

　ここまでお読みのあなたには釈迦に説法かもしれませんが，前述の通り，書面に書いてあることをそのまま読み上げることは，参加者の時間を無駄にすることと同じです。

　できる教師であるあなたは，読めばわかることは説明せず，留意点や注意点，補足事項などを口頭で伝えていきます。とても重要なことについては，**「この部分はメモしていただきたいのですが……」**という一言を枕詞にすると，より注目を集めることができるのでおすすめです。聞き手の立場になって，提案できる教師になっていきましょう。

04 文書は「Ａ４用紙１枚」にまとめる

ここだけはおさえるポイント

無駄を省くことで「本質」が見える

本当に「必要なこと」のみを書く

ここからは，さらに具体的な話をしていきます。会議における提案書や文書はなるべくＡ４用紙１枚にまとめられるよう，私は意識しています。

もちろん，内容や案件によってはＡ４用紙１枚にまとめきれないものもあるでしょう。あくまで，上記のような意識をもつということです。

そうする理由は，伝えたいことをダラダラ書き並べた文書では，読み手（受信者）には何も伝わらないからです。

提案者（発信者）であるあなたが思いやりをもって読みやすい文書にまとめ，読み手に伝わるように心がけます。私は，これを**発信者責任**と呼んでいます。

これは授業も同様ですが，「伝わらないのは読み手・聞き手が悪い」と考えてしまうのは，受信者責任という考え方です（そんなふうに考えてしまうような教師が，あなたの周りにはいませんか……）。

そうではなく，発信者であるあなたが常に伝わるように工夫することが大切なのです。

これは蛇足ですが，書籍の企画書もＡ４用紙１枚にまとめたほうが企画会議を通りやすいと考えている著者・編集者もいるくらいです。それほど，要点をまとめることは重要だということがよくわかりますね。

もれなく「項目出し」をする

　Ａ４用紙１枚にまとめるといっても，内容に不備があっては意味がありません。理想の書類は，伝えるべき内容はもれなく記載し，簡潔にＡ４用紙１枚にまとめたものです。

　そのようにまとめるための手法の１つとして，**ロジックツリー**があります。

　ビジネス書などをよく読む方は，一度は見たことがあるのではないでしょうか。ロジックツリーとは，もれなく事柄を網羅・整理するのにとても便利なフレームワークです。

　ロジックツリーとは，どのようなフレームワークなのかを簡単に説明すると，**あるテーマについて，大分類・中分類・小分類とツリー状にもれなく重複なく考えるための手法**です。たとえば，学年会議で文化祭のクラス企画について提案するとします。その場合，下のような感じでロジックツリーを作成して提案書を作成すると，無駄のない書類が作成できます。あくまで，これは一例ですから，自分なりのロジックツリーで思考を整理することをおすすめします。

【ロジックツリーの例】

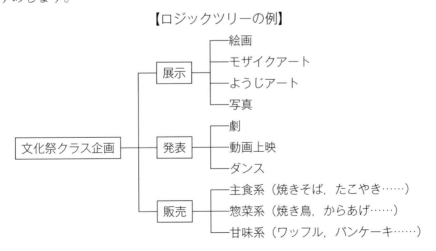

05 書類は「ゼロからつくらない」

「前_{年度}・前任者」を活用する

　現場ではさまざまな書類を作成する機会があります。中には，毎年同じように作成する書類もあれば，あなたがはじめて作成する書類もあるでしょう。

　その際，心がけてほしいことは**書類をゼロベースからつくらない**ということです。現場で作成する書類は，必ず前年度作成したもの，あるいは，前任者が作成したものがどこかに存在します。

　もし，学級通信のように，あなたがオリジナルで作成しているものであれば，同じように学級通信を作成している同僚の先生に参考になりそうなものを見せてもらうとよいでしょう。その中で参考にしたい部分があれば，真似をするのです。

　誤解を恐れずにいえば，人のやり方を「パクる」ということになりますが，私はよいと思ったものはどんどん真似すべきだと考えています。なぜなら，それが生徒たちのためになったり，あなたの働き方を効率的にしたりするのであれば，自分の羞恥心など，小さいことだと考えているからです。

　ただ，「パクる」というのは響きが悪いかもしれません。ですから，参考にさせてもらう相手には，「とてもよくできているので，**サンプリング**させていただいてもよろしいでしょうか」と聞きましょう。このように聞けば，相手も悪い気はしないはずです。

必ず「オリジナリティ」は出てくる

これをお読みくださっている熱心な方の中には，

「人の真似をするのはちょっと……」
「前年度のファイルをそのまま使うのは抵抗がある」

と思ってしまう方もいるかもしれません。

しかし，これは断言してもよいのですが，**誰かが作成した雛形やファイルを使っていたとしても，必ずあなた自身のオリジナリティが出てきます。**

なぜなら，向上心があるあなたであれば，仕事の中で改善点を反映させたり，工夫をしたりするので，誰かのやり方をそのまま踏襲することにはならないからです。

たとえば，私の勤務校での例をお伝えしましょう。新年度，はじめてクラスを担任する若手の先生が学級通信をつくろうとしていました。そこで，私は「参考になるものはサンプリングしてみてください」という一言を添えて，該当学年で私が作成した学級通信を1年間分まとめて渡したのです。

その後，その先生が作成した学級通信を拝見しましたが，私がつくった学級通信とまったく同じものにはなっていませんでした。その理由は前述の通り，その先生のこだわりや工夫が何かしら盛り込まれていたからです。

このように必ずオリジナリティは出てくるので，サンプリングすることを恐れる必要はありません。むしろ，どんどんよいものを取り入れていきましょう。

「これ，いいな」と思って取り入れたものの，実際にやってみると，自分には合わないということも出てきます。そういう場合は，やめればよいのです。ここで大切なことは，**トライ&エラーを繰り返す**ということです。その中で，自分のオリジナリティが必ず出てくるので，心配は無用です。

06 ファイリングより「スキャニング」

ここだけはおさえるポイント

2穴ファイルは「いらない」

ファイリングの「罠」

　ここでは，私なりの書類処理のやり方について，紹介します。これは暴論に聞こえるかもしれませんが，私は**書類を保存するための2穴ファイルは不要**だと考えています。

　学校現場では，書類は雪だるま式にどんどんたまっていきます。もしかしたら，本書を手にしている熱心なあなたであれば，様々な校務分掌から配付された書類を，種類ごとにファイルをつくり，きれいに整理しているかもしれません。

　では，ここで考えてみてください。その書類を頻繁に見直すことはありますか。「そう言われると……」と「？」マークが頭に浮かぶ方が多いのではないでしょうか。

　私も，以前はそのように書類を整理していた時期がありました。しかし，ほとんどの書類は読み返すことはなく，年度末にまとめて捨てたり，シュレッダーにかけたりするというのが，毎年の恒例行事になっていました（私はこれを「シュレッダー祭り」と呼んでいます）。

　このような経験から，年間行事予定表のような，年間を通して使用する書類以外，私は**書類のほとんどをその都度廃棄**しています。捨てるかどうかの基準はいたってシンプルです。

・誰かにお願いすれば，また手に入る書類なのか？

・データで保存することは可能なのか？

　この２点に該当するかどうかを判断し，書類の「要」「不要」を決めるのです。もし，上記の２つの問いに対して，「NO」であれば，そこではじめて私はその書類を保存します。

「デジタル保存」のすすめ

　書類を保存，といっても，私は書類を２穴ファイルに挟み込んでいくのではなく，**スキャナーに通し，デジタルデータとして保存**します。

　スキャナーを用意するのにひと手間かかるかもしれませんが，その手間以上に，デジタル保存には大きなメリットが大きく分けて２つあります。

デジタル保存のメリット①　場所をとらない

　デジタルデータであれば，場所をとりません。もし，配付された書類をすべて２穴ファイルに保存するとしたら，あなたのデスクの上は書類であふれかえります。デジタルデータであれば，USBメモリ１つですみます。

　書類をデータで保存することで，書類が占領していた場所がきれいになり，あなたの仕事の効率がアップすることはいうまでもありません。

デジタル保存のメリット②　整理がしやすい

　デジタル保存の２つ目のメリットは，なんといっても整理がしやすいことです。フォルダ名・ファイル名のつけ方については，詳しくは後述しますが，きれいに整理整頓する必要はありません。

　そもそも，**なぜ，書類を保存するのかといえば，以前使った書類を見返したいときにすぐ閲覧できることが目的**のはずです。つまり，即座に閲覧できるような仕組み化ができるのがデジタル保存のメリットなのです。

07 「フォルダ・ファイル」管理の基本

整理方法より「名づけ方」がすべて

　書類のデジタル保存について，より具体的な話をしましょう。今一度，2穴ファイルのようなアナログ管理と，デジタル管理の違いをまとめます。

> **△アナログ管理**
> ・場所をとる
> ・整理整頓しておかないと，どこに何があるのかがわからなくなる
> ・見返すときに，ファイルを探したり，タグをもとに探したりする必要がある
> **○デジタル管理**
> ・場所をとらない
> ・整理整頓する必要なし
> ・**検索しやすくするためのフォルダ名・ファイル名のつけ方にコツがある**

　デジタル管理では，フォルダをきれいに分け，整理整頓することにそこまで固執する必要はありません。なぜなら，ほとんどの場合，**検索することで事足りる**からです。ここでは，検索の精度をアップさせるための，栗田流の

フォルダ名・ファイル名のつけ方を紹介します。

【栗田流　フォルダ名のつけ方】

　フォルダ管理で大切な考え方は，**いつも同じ順番に並んでもらうこと**。同じ順番に並んでいれば，フォルダを開くときにフォルダを探すという余計な手間が省けます。そのために，フォルダ名は半角数字でナンバリングしています。具体的には，次のようにしています。

　　00クラス

　　01教科

　　02部活動

　　03分掌

　こうすることで，自然といつも同じ順番でフォルダが並びます。

【栗田流　ファイル名のつけ方】

　ファイルについては，フォルダに比べて作成する数も多いので，**整理する**というよりは検索のしやすさに重きを置いてファイル名をつけています。

　　20190401【３－２クラスメンバー】

　　20190408【個人面談事前シート】

　　20190415【３－２生徒情報】

　　20190416【個人面談予定　掲示】

　上記をご覧いただければおわかりの通り，

　　日付（半角数字）＋【件名】

というルールで，ファイル名をつけています。

　このように命名することで，ファイルは自然と時系列順に並びます。また，ファイルを探す際，日付でも件名でも検索をかけることができます。このように，データをデジタル管理するには，検索性や閲覧性など，使いやすくするためにはどうしたらよいのかということを考えて工夫することが大切です。加えて，**そのフォルダ名やファイル名のつけ方を，自分だけのルールにするのではなく，同じ現場で働くメンバーと共有していくことが大切**です。そうすれば，お互いの仕事の効率化が図れるので一石二鳥です。

08 所見は「クラスノート」で乗りきる

ここだけはおさえるポイント

「小さな蓄積」が大きな力になる

私がつくっている「クラスノート」とは？

　クラス担任としての大切な仕事の１つに通知表所見があります。人によっては，この所見のことを考えると気が重くなるという方もいるでしょう。

　いくつかの文面のバリエーションの中から，その生徒にふさわしいものをコピー＆ペーストしてすませるという先生もいます。

　ここで説明するのは，生徒一人ひとりに寄り添って所見を書く先生に向けてのヒントです。

　私は新年度，新しく担任するクラスが決まると，必ず**「クラスノート」**をつくります。用意するのは，Ｂ５判の大学ノート１冊でＯＫ。

　これはどういうノートかというと，年度中のクラスの生徒の諸々のことをすべて記入するためのノートです。同じようなことをＰＣ・タブレットなどでデジタル管理する教師もいますが，

ＰＣ　　①開く⇒②電源を入れる⇒③ファイルを探す⇒④入力する

ノート　①開く⇒②書く

というように，ノートのほうが「開く」・「書く」の２アクションですむため，私はずっとアナログノートを使っています。もちろん，最終的に所見はＰＣで入力することにはなりますが，材料集めという意味で，このクラスノートを活用しています。

では，具体的な「クラスノート」の活用の仕方をまとめてみます。

【栗田流「クラスノート」のつくりかた】

①ページ上部のタイトル行に，1ページに1人ずつ，出席番号順にゴム印で氏名を捺印していきます。そこに出席番号も添えます。

②加えて，入部している部活動や委員会，保護者の職業，兄姉弟妹の学年等もメモしていきます。

〈ここまでは年度はじめの準備で完了！〉

③クラスでの出来事や欠席・遅刻・早退の理由，保護者に電話したときのメモを記録していきます。ポイントは必ず日付を入れること。

④年度中に，個人面談や三者面談をする際には，必ずこの「クラスノート」に記録を残しておきます。

⑤どうしても1ページで収まりきらない生徒は，ノートの後半にその生徒のページを追加して情報を付記していきます。

あくまで，これは私なりの活用方法なので，自分が使いやすいようにカスタマイズしていただいて結構です。

大切なことは，**生徒情報を蓄積していくという姿勢**です。多忙な毎日の中で，先生はいろいろなことを忘れていきます（私だけかもしれませんが……）。それを書きとめるメモ帳のようなイメージで，「クラスノート」を活用することが，継続するための秘訣といえるのかもしれません。

そして，学期末になったときに，この「クラスノート」を眺めながら通知表所見を書くのです。

恥ずかしながら，「クラスノート」を眺めていて，私が思うのは，たった数か月間のことでも自分が忘れていることがあるということです。

この「クラスノート」だけでは情報が足りないという先生は，事前に学期末に生徒自身に反省を書かせ，それと「クラスノート」を併用すれば通知表所見に悩むことはほぼなくなります。ぜひ一度，試してみてください。

09 書類作成は「ＡＤＡ」で！

ここだけはおさえるポイント

書類作成には「手順」がある

書類作成の手順「ＡＤＡ」とは？

　いきなりですが，質問です。あなたはおしらせや文書をつくるときに，いきなり PC を開いていませんか。もちろん，それでも問題はないのですが，私は少し違います。私が書類を作成するときには ADA を意識しているのです。ADA とは，私なりの効率的・効果的な書類作成の手順をまとめたものです。

手順①　A　アナログで構成を練る

　まずは，作成する書類の項目出しや構成をアナログで練ります。きれいな用紙でなく，裏紙などにメモ書きでまとめるのもよいでしょう。

　よく PC のキーボードの前で，何を書くか迷ってフリーズしている教師（失礼！）がいますが，何を書くか考えるのには手書きが向いています。

手順②　D　デジタルで入力・作成する

　内容や構成がまとまってから，ここではじめて PC を開きます。雛形があればそのファイルを開き，先ほどまとめた内容を入力していくわけです。

　ここで重要なのは，この段階になる前に書くことを決めておくことです。あくまでこの手順②の入力は作業だと考え，思考するのは手順①で終わらせ

ておきます。

手順③　A　アナログでチェックする

　手順②の段階で完成したものをプリントアウトし，すぐに印刷……という方が多いのですが，この手順③こそ，ぜひやってほしいことです。それは，**作成した文書をプリントアウトし，紙面（アナログ）で内容を確認する**ことです。PC の画面で何度チェックしても，プリントアウトしたものをチェックするとたいてい修正したい部分が見つかります。大量に印刷してから修正部分を見つけた経験が一度でもある方は，その絶望感がよくわかるはずです……。そうなる前に，必ずアナログでチェックを徹底しましょう。

自分なりの「流儀」をつくる

　じつは，ここで紹介している書類作成の手順 ADA は，普段，私がこのような書籍を執筆するときにも活用しています。

手順①　A　アナログで構成を練る

　書籍の章立てや構成，書きたいことをメモ書きでまとめていきます。

手順②　D　デジタルで入力・作成する

　手順①で作成したプロットをもとに，PC で執筆しています。参考書籍がある場合，そのページなども手順①でメモしているので，時間をかけて探すこともありません。

手順③　A　アナログでチェックする

　作成した原稿をプリントアウトした「ゲラ」というものを，赤ペンで修正していきます。

　このようにして，書籍の執筆においても，私は ADA を活用しています。これまで意識していなかったあなたは，ぜひ，意識してみてください。

10 非常時こそ，「相手目線」を大切に

　ここだけはおさえるポイント

「非常時」にどう動けるかが勝負

「1週間の休校」で私が感じたこと

2019年9月9日（月）からの1週間は，私にとって忘れられない1週間となりました。なぜかといえば，私の勤務校は，台風15号の被害により，1週間，臨時休校を余儀なくされたからです。

風雨による破損や浸水被害，停電・断水によって通常の学校運営が不可能になるなど，さまざまな要因が重なったことによる校長の判断でした。

周辺の地域も停電しているわけですから，信号がつかなかったり，自宅が被災したりしている教職員もいました。

そのような状況下でも，出勤できる者は出勤し，空調がつかない中で汗だくになりながら浸水箇所の後片づけをしました。断水のためトイレも使えず，限られた時間で可能な限り仕事をするということを経験しました。

普段は当たり前に行えることが行えない。今，振り返ってみても，あらためて，日常のありがたさに感謝するとともに，1日も早い復旧をと，教職員一丸となって取り組んだ日々が思い出されます。

このように有事の際こそ，私たちのプロ意識が問われます。もちろん，自分自身が仕事ができるような状態ではないことも考えられますから，あくまで可能な限り……という条件つきではありますが，緊急時のシミュレーションをしておくことはプロとして大切なことです。

大切なのは「相手目線」

この貴重な1週間で私が意識したことは，相手目線に立つことです。ここでいう相手というのは，同僚の先生や，生徒や保護者のことです。

共に不自由な環境で働いている先生方のために自分ができることを考え，ずっと学校に登校できない生徒のために何ができるのかを考えました。

実際，自宅が停電・断水し，シャワーも浴びることのできない同僚に自宅へこないかと私から声かけをしたり，生徒・保護者に向けて学校の状況を知らせるためのメールを流したりしていました。

タイミングが悪く，**臨時休校となった1週間はちょうど前期末（当時の私の勤務校は2期制）の定期試験期間でした**。さらに，私は高校3年生のクラスの担任だったため，この試験結果を受けて前期成績が確定し，それをもとに大学の指定校・公募推薦を受験する生徒が多数いたため，この試験期間の遅延は，推薦入試の出願に大きく影響する一大事だったのです。

いつ，学校は再開するのか。そもそも，出願には間に合うのか。

今，振り返ってみても，その当時の生徒・保護者の落ち着かない気持ちはよくわかります。このような先の見えない非常時には，誰しも不安になります。このようなとき，自分自身や家族の安全確保をした上で，あなたがやるべきことは何でしょうか。私なりの答えは，**教育のプロであるならば，生徒・保護者がどのようなことを心配しているのか，どのようなことを知りたいのかを考え，それを発信すること**です。

実際，私が学校の状況や出願には間に合うことなどをメールで伝えると，生徒・保護者から感謝のメールが届きました。

あくまで　例ですが，相手目線に立つ大切さをあらためて知った瞬間でした。あなたも相手目線を意識できる教師にぜひなっていきましょう。

5章

補習・
定期テスト・
面談等
―生徒の学力を
　上げることが
　教師ライフを変える

01 ここだけはおさえる基本&
働き方を変えるポイント

> 📎 ここだけはおさえるポイント
> ....
>
> **大切なのは「進路実現」**

高校教師は「学力向上」が大切な仕事

いきなりですが，質問です。

「先生，何のために勉強するのですか？」

もし，生徒にこのように聞かれたとしたら，あなたはどのように答えますか。この問いに対する，私なりの答えをお伝えします。

「選択肢を増やすため」

この答えには，2つの意味があります。

1つ目は，**自分の専門性の選択肢を増やす**という意味です。私の専門は数学なので，生徒に「三角比なんて，私の人生に必要ないです」と言われることがあります。もちろん，誰もが三角比を日常生活で必要とするわけではありませんが，これは**学んでみてはじめて必要か不要か，あるいは好きか嫌いかがわかる**わけです。建築士を志す生徒にとっては，三角比は必要な知識です。さまざまな分野を勉強する中で取捨選択ができるので，そういう意味でも勉強することで自分の専門性の選択肢が増えるというわけです。

2つ目は，**自分の進路の選択肢を増やす**という意味です。たとえば，生徒の希望進路が大学，専門学校，公務員試験をはじめとする就職のいずれにしても，何らかの試験が課されることになります（AO入試のように学力が不問の入試もありますが，入学後には学力が必要です）。

進路選択の際，勉強をしている生徒は，自らの進路選択の幅が広がります。そもそもさまざまな分野を知らなければ選択肢として出てこないですから。

　上記のような理由から，**高校教師が生徒の学力向上のために尽力することは必要不可欠な資質**なのです。

　授業については，前述の2章をご覧いただくとして，この5章では，特に補習や定期試験，面談について述べます。

定期テストと面談は「きっかけづくり」

　補習はさらなる学力向上に向けて，授業内容の補填や演習量を確保するために行います。ついつい，罰ゲームのような感覚で補習を捉えてしまう場合がありますが，私はとても残念なことだと思います。

　定期テストは単純に成績をつけるという意味合い以外に，私は**きっかけづくり**だと考えています。**生徒自身が理解している部分，そうでない部分を客観的に捉えるきっかけとなるのが定期テスト**です。

　私はいつも生徒に伝えているのですが，テストの点数で一喜一憂するだけではもったいないのです。せっかく，時間をかけて勉強して臨んだ定期テストでわからない問題，理解できていないことがわかったのですから，それを解き直したり，復習したりしなければ，テストの意味がありません。私自身の学生時代を振り返ってみても，そこまで考えが至らなかったため，これはことあるごとに生徒たちに粘り強く伝えていくしかありません。

　面談もきっかけづくりです。**自分の進路実現のために必要な知識，学力，取り組みを知り，行動を変えるためのきっかけづくり**です。

　詳しくは後述しますが，誤解を恐れずにいえば，教師が事前に調べた内容をひたすら伝えるのが面談ではありません。ある意味，最終ゴールである，生徒に行動を変えてもらうために実施するのが面談です。

　そのためには，教育のプロとして意識しなければならないこともあります。それは**教師と生徒が双方向になること**です。それをここで考えていきます。

02 「意味のある補習」にする

補習・補講の「意味」とは？

　あなたにとって，補習・補講の意味とはどんなものでしょうか。自分の学生時代を振り返ると，テストの点数が悪かった生徒が残されて嫌々受けるもの……というイメージがある方もいるかもしれません。

　たしかに，そのような意味合いの補習・補講も存在しますが，ここで話題にしたいのは，もっと前向きな補習・補講です。

　私なりの補習・補講の意味とは，**授業で学んだことに肉づけし，より定着を図るためのもの**だと考えています。この考え方自体は珍しいものではなく，熱心なあなたであれば十分認識されていることでしょう。

　現在の私の勤務校の話をします。実際，私の勤務校では，特別ゼミナールと呼称される，放課後の補習・補講があります。これは，生徒全員が参加するわけではなく，申し込んだ生徒が授業料とは別に受講料を支払い，受講するというものです。

　これらを申し込んでくる生徒は，主に2種類います。1つは自らが学ぼうと思い受講する生徒，もう1つは保護者から受講をすすめられて受講する生徒です。私もこの講座を担当していますが，いずれの場合においても，貴重な時間とお金を使って受講するわけです。

　それを受けて，まず，**年度はじめに私は受講者にこの補習・補講を受ける**

意義について話します。貴重な時間とお金を使って受講していること，そして，この取り組みは必ず自分の学力向上につながることを伝えます。

　このように，最初に生徒たちの補習・補講に対するネガティブイメージを払拭し，彼らにやる気になってもらうことで受講後には成果や達成感が得られます。私は通常の授業同様，その補習・補講の最終回にアンケートをとり，受講者の満足度をチェックしています。それを見ていると，毎年度，ほとんどの受講者が高い満足度であることがわかります。

効果的な「テスト前」補習

　次に，上記のような学校のシステム上に組み込まれた補習・補講ではなく，教師自身が自主的に開催する補習・補講についてです。

　これは，教師側が自主的に行うものなので，教師が場所・時間を指定して生徒に告知する形式がほとんどです。私の勤務校の様子をみると，テスト前に生徒が教師に質問をするようなスタイルもあり，必ずしも教師が教える講義型でなくてもよいことがわかります。

　この補習・補講で好ましいと思うのは，「勉強したい」「復習したい」という生徒のニーズに応えている点です。前述の罰ゲームの意味合いが強い補習・補講は，生徒が受け身で受けることもあります。

　大切なのは，**生徒たちがやる気になっている状態で共に学ぶこと。**このテスト前に開催されるような補習・補講は，まさにこの状態です。

　授業形式や教材の種類は問わないのです。大切なことなので繰り返しますが，一番重要なのは，生徒の意欲やそのための動機づけです。「テスト前だけ補習しても……」という考えをおもちの方もいるかもしれません。しかし，このような補習で理解が深まったり，テストの点数が上がったりという成功体験を積み重ねることで，普段の学習姿勢も変わってきます。

03 授業とは「違う時間」を大切にする

ここだけはおさえるポイント
- -

補習では，授業とは「違う顔」を見られる

授業よりも個々の生徒と「向き合える」

これは私の感覚ですが，補習・補講のほうが授業よりも個々の生徒と向き合いやすい気がします。

その理由は，大きく分けて3つあります。

補習・補講のほうが生徒と向き合える理由①　授業よりも人数が少ない

たいていの場合，授業と比べて，補習・補講で相手にする生徒数が少ないということが，1つ目の理由です（実態によっては例外もあるかと思いますが……）。

人数が少なければ，それだけ教師の目が行き届くことになるので，自然と個々の生徒と向き合いやすくなるというわけです。

補習・補講のほうが生徒と向き合える理由②　目的意識が共有されている

生徒が自主的に参加できる補習・補講の場合，基本的には自ら望んで参加しているわけですから，勉強するための目的が共通しているメンバーが集まることになります。

これは，私の経験上いえることですが，共に勉強するメンバーの意欲や雰囲気は学習効果に大きく影響します。だからこそ，同じ志の生徒同士で教え

合ったり，学び合ったりという相乗効果があります。そのような雰囲気だと教師側もかかわりやすく，個々の生徒に目が行き届きやすいのです。

補習・補講のほうが生徒と向き合える理由③　リラックスしている

　3つ目の理由は，補習・補講は放課後に行われることが多く，日中の授業後に行うので，放課後だと生徒がリラックスしていることが大きなメリットです。もちろん，補習・補講中は集中してもらうわけですが，変に肩の力が入っていないので，生徒たちも教師に質問したり，共に学びやすい雰囲気になったりするというのが，私が経験から得た実感です。

補習・補講する「目的」を忘れない

　上記のように，生徒に対して向き合いやすい状況だからこそ，おさえておかなければならないこととして，**補習・補講する目的を忘れない**ことがあります。

　なごやかな雰囲気の中で，補習・補講の内容と関係のない雑談をしてしまったり，学校生活の悩み相談になってしまったりすることが往々にしてあります（私だけかもしれませんが……）。

　生徒とかかわること自体が悪いとはいいませんが，補習・補講を行っている本来の目的を忘れてはいけません。なぜなら，その場にいる生徒たちは，少なからず，学力向上や弱点克服などのために集まっているわけですから，その目的を少しでも達成できるように私たち教師は努めるべきだと私は考えているからです。

　これは蛇足かもしれませんが，参加者の中には，あなたのファンや仲のよい生徒がいるかもしれません。そのような状況では，その生徒たちのために時間を使ってしまいがちです。しかし，中にはあなたとかかわりがなくとも，純粋にあなたの補習・補講の内容に魅力を感じて参加している生徒もいるわけです。どんな状況でも，生徒とは分け隔てなく接したいものですね。

04 「スケジュール管理」を徹底する

 ここだけはおさえるポイント

「時間管理」ができる教師が信頼される

補習と部活動を「両立」させるために

　ここでいうスケジュール管理とは，あなた自身のスケジュール管理ではなく，**生徒に対して，補習・補講のスケジュールの告知をしっかりと行う**ということです。

　たいてい放課後に行われる補習・補講に参加するために，生徒は部活動や委員会，予備校などの都合を調整して臨むはずです。そのため，あなたの補習・補講が**①いつ，②どこで，③どのくらい（頻度・講義時間）**行われるのかを明確にする必要があります。

補習・補講で明確にしたいこと①　いつ？

　あなたの補習・補講が何時から開始されるのかを告知することを指しています。開始時間を明確にすることで，あなた自身にもその時間を守ることが求められます。補習・補講だから多少は時間にルーズでも……と考えているようではプロとして失格です。

補習・補講で明確にしたいこと②　どこで？

　次に，補習・補講を行う場所を明確にします。あなたがクラス担任であれば，ホームルーム教室で行う場合が多いかもしれません。しかし，特別教室

や別の場所で行う場合もあるため，参加したい生徒が場所を間違えないような工夫が必要です。

　また，学校によってはある特定の期間に，放課後，二者あるいは三者面談を行う時期があります。そのような時期には，あなたが補習・補講を行う場所が，面談を行っている教室にあまり隣接しないような配慮も必要です。

　ちょっとしたことですが，あなたの補習・補講が自己満足なものにならないためには大切なことだと肝に銘じておいてください。

補習・補講で明確にしたいこと③　どのくらい（頻度・講義時間）

　最後は，どのくらいの頻度でどのくらいの講義時間を設けるのかということです。頻度は，週に１回なのか，月に１回なのか，定期テスト前に集中して行うのか……というようなことを明らかにします。また，講義時間，つまり終了時刻をはっきりさせることで，生徒のスケジュール調整が容易になります。補習・補講は長くやればよいというものでもありませんから，あらかじめ，時間設定をしておくほうが生徒は参加の可否を決めやすいのです。

「生徒が主役」の補習・補講を心がける

　本書を手に取るような熱心なあなたであればこんなことはないと思いますが，教師側は「補習・補講をやってやるので参加できる者だけこい！」という姿勢ではなく，「参加したい生徒がなるべく参加できるようなスケジュールで行います」というスタンスが望ましいでしょう。

　教育現場は忙しいですし，普段の授業に加えて補習・補講の準備をするのはちょっと……と考えてしまうのであれば，無理してまでやるべきことではありません。あくまで，あなたの気持ちや時間が許す範囲で実施するほうが心にも余裕ができ，結果的に生徒にとってもよい補習・補講となります。

　部活動も勉強も頑張りたい……という意欲的な生徒のために，力になってあげられる教師になってほしいと私は願っています。

05 学校・教科の「ルール」を徹底する

ここだけはおさえるポイント

「違いを知る」「共有する」がポイント

授業プリントと定期テストは「違う」

ここから定期試験について，私の考えを述べていきます。経験豊富なあなたであれば，この部分は読み飛ばしてしまってもかまいません。

まず，授業で使用する自作のプリントと定期テストでは，意味合いが根本的に違います。授業プリントであれば，あなたなりのこだわりや多少のミスは許されます。それに対し，定期テストはあなたが授業を担当しているクラス以外の生徒も受験し，さらに，その結果が成績として公の記録として残るものです。だからこそ，経験を重ねても，その重要さを忘れてはいけないのです。

また，**定期テスト作成には，その学校・教科のルール**というものが存在します。それらに則り，定期テストを作成することが，教育のプロとして求められる最低限のスキルです。

私がここまで仰々しく書かずとも，あなたは十分認識されていることだと思いますが，ただ認識しているだけではなく，行動が伴う必要があります。**「成績に対する認識は慎重すぎるくらいでちょうどよい」**というのが，私がこれまでの経験で得た結論です。

たとえば，私が定期テスト作成に関して，意識していること・実践していることには，次のようなことがあります。

定期テスト作成時の注意点① 担当科目の先生方に相談する

まず，大前提として，あなたが作成する定期テストを受験する生徒たちを教えている，すべての先生方とテスト内容を共有する必要があります。

定期的に教科会議が行われている学校であれば，比較的，このような時間はとりやすいと思います。私が一番まずいと思うのは，定期テスト当日になって，「こんなテスト内容ですのでよろしくお願いします〜」と情報を共有する教師です。自分以外の誰かに問題を見てもらったほうが，事前のミスに気づく可能性も高まります。

定期テスト作成時の注意点② 必ず自分で1回解いてみる

PCやタブレットの画面上で見て，模範解答を作成する方も多いと思います。しかし，書類作成の手順ADAでもお伝えした通り，必ず，1回はプリントアウトしたテスト用紙で，あなた自身が手書きで実際に解くことを強くおすすめします。なぜなら，画面上では難なく入力できたとしても，実際に手書きで解いてみると解答スペースが狭かったり，そもそも解答欄が間違っていたりということに気づくことが多いからです。これは，新人の先生に対して，私が必ず指導することのうちの1つです。

定期テスト作成時の注意点③ 印刷時にも気を抜かない

定期テスト当日，テスト監督者が焦ることの1つに該当クラスのテストの問題用紙や解答用紙の枚数が足りないということがあります。

実際，そのような経験をしたことがある方はよくわかると思いますが，たいてい，テストを配付してからそのようなことが発覚するため，監督者は教室を離れるわけにはいきません。しかし，枚数が足りない……。このような事態に陥らないよう，テストの印刷時にも，印刷の不備がないか，枚数は大丈夫か（私は2枚多めに入れます）ということを確認します。

これらはあくまで代表的なものですが，日頃から私が意識し，実践していることです。定期テストでの緊張感はいつまでも忘れたくないものですね。

06 「フォーマット」で効率化する

ここだけはおさえるポイント
・・・・・・・・・・・・・・・・・・・・・・・・・・・・・
「省ける手間」は省いて効率化を図る

毎回，違うフォーマットで「つくらない」

　成績や定期テストの重要性については，くどいと思われても仕方がないほど，説明してきました。しかし，テスト作成においては，効率化できるところはとことん効率化するというのが私なりの考えです。

　定期テストの効率化という観点で考えるときに，ぜひ実践していただきたいのが**毎回違うフォーマットでつくらない**ということです。

　「そんなことをいわれても，毎回のテストで出題範囲も違うし，同じフォーマットではつくれない！」
というあなたの心の叫びはよくわかります。

　もちろん，異なる試験範囲のテスト内容を毎回同じフォーマットでつくることは不可能に近いでしょう。私がここでいいたいのは，表題や全体の構成など，大枠の部分は，定型のものを使って省力化しようということです。

　問題の選定や出題方法など，こだわるところはこだわっていただいてよいのです。ただ，手間を省けるところは省く。そのスタンスでいるほうが，力を入れたいところに集中できるため，よりよいテストができあがります。

　特に，定期テストの作成は，毎年度，定期的にやってくる仕事ですから，多少なりとも効率化することで集中すべき仕事に集中できるようになるのです。

意外と大切な「難易度バランス」

　次に，実際のテスト内容についてです。教科・科目によってこだわる部分はさまざまあると思いますが，それぞれの教科に共通していえることが難易度のバランスを考えるということです。私は数学科ですので，数学のテストを例にして話を進めます。私の勤務校では，定期テストの目標平均点を60点と設定しています（この数値については，勤務校の実態に合わせてご覧ください）。そして，その目標平均点を達成するために，どの科目についても，下記のような割合で作問します。

①基本問題［全体の80〜90％］（教科書の例題や問，副教材等の基礎レベル）
②応用問題［全体の10〜20％］（入試・模試レベル）

　あくまで，ざっくりとした難易度バランスではありますが，このような基準を教師同士が共有することで，誰がテスト作成者になっても，問題のレベルが揃うようになります。

成績処理で「差をつけない」

　これは成績処理についての注意点です。**学期末成績に加味される平常点についても，担当者間で共通認識をもっておく必要があります。**
　なぜなら，たとえば，提出課題の評価についても，A先生は提出が遅れると減点，B先生は字がきれいだったり，イラストが描いてあったりすると加点というように評価がバラバラでは不公平感が出てしまうからです。
　大げさに聞こえるかもしれませんが，成績というものは１点違うだけでもその生徒の進路を左右しかねません。ぜひ，丁寧に扱っていきましょう。

07 「過去問」を解こう

「大学入試・模試」の過去問を解く

　ここからは，定期テストの作問に関する，私なりの考えを述べていきます。

　問題を作成する際，たいていの場合，授業で使用する教科書やテキスト，あるいは，副教材の問題集・ワーク等を参考にして出題することが多いのではないでしょうか。

　前述の①**基本問題の内容については，上記のような授業での学習内容を基本とした作問が好ましい**と私は考えています。

　ちなみに，私は教科書・テキスト・問題集の問題をそのまま出題することには賛成派です。なぜなら，しっかりと勉強してきた生徒が「あ，この問題，やったことある……」というメリットを感じることは，決して悪いことではないと考えるからです（既習内容の問題をそのまま出題することについては，人によっても考え方が違うと思いますので，ここでは是非を問いません）。

　ここで話題にしたいのは，1〜2割の②応用問題についてです。どのような問題が応用問題になるのかといえば，大学入試や模試などの問題です。

　あなたが多忙なのは重々承知の上で書きますが，可能な限り，入試問題や模試の過去問を解くことをおすすめします（ベテランの先生には釈迦に説法ですね）。そうすることで，**その単元，そのテーマのねらわれやすい部分，はたまた，誤答を誘うようなひっかけなど，出題傾向をつかむことができま**

す。教科書レベルでは出題されないような難問と出合うことで，あなたの授業内容の幅もより広がります。この，大学入試や模試の過去問を解くことには，定期テストの作問バリエーションの幅を広げるだけでなく，あなたの授業力を高めるという相乗効果もあります。忙しい中でも時間をつくり，様々な問題・考え方にふれる機会を増やしていきたいものですね。

「定期テスト」の過去問を解く

定期テストの過去問を解く……と聞いて，「？」と疑問を抱いた方もいるでしょう。なぜ，解く必要があるのか。その理由は大きく分けて2つあります。

「定期テスト」の過去問を解く理由①　過去の出題傾向を知る

あなたがはじめて担当する科目であれば，過去の定期テストを見る・解くことで，実際の定期テストでの出題方法をつかむことができます。まったく同じにする必要はありませんが，難易度バランスや発問のやり方など，学ぶべきことは多いはずです。

また，予備校や塾によっては，その高校の定期テストの過去問を集め，その対策を練っているところもあると聞きます。毎回同じパターンでは内容を先読みされることもあるため，変化をつけるためにも過去問研究は有効です。

「定期テスト」の過去問を解く理由②　自分の勉強になる

さまざまな方々が作成した定期テストを解くことで，単純に自分自身の成長につながります。同じようなテーマであっても，教師によって出題方法が異なるので，大変参考になるでしょう。以前，私が勤務していた高校では，定期テストのたびに，先生方が作成した定期テストを同じ教科の先生方全員のデスクの引き出しに入れておく，という慣習がありました。私はその問題をすべて解き，自分の糧にしていたという経験があります。

08　面談では「具体的に」話す

「数字」を使って話す

　ここからは，三者面談や個人面談で私が意識していることをお伝えしていきます。

　いずれの面談にせよ，**大切なことは相手は貴重な時間を割いて面談をしているという事実を認識する**ことです。

　その認識があれば，教師であるあなたが面談時間に遅れたり，面談日を忘れたり（論外ですが……）はしないはずです。その貴重な時間を大切にするために，万全の準備をしたり，内容をシミュレーションしたりするはずです。

　人間関係は小さなことが大きなこと。これを肝に銘じて，私は面談準備等をするようにしています。

　実際に私が面談するときに気をつけていることは，**TDS を使わないこと**です。TDS とは某テーマパークの略称……ではなく，

T：たくさん　　**D**：できるだけ　　**S**：しっかり

という3つのフレーズの頭文字をとったものです。なるべくこの TDS を使わないように話すと，内容がより具体的になります。もっといえば，**数字を使って話す**ようにするとよいでしょう。たとえば……

例1：「たくさん勉強するようにしましょう」
　　⇒「最低でも1日1時間は勉強するようにしましょう」
例2：「しっかり寝たほうがいいですよ」
　　⇒「24時までには床につくようにしてくださいね」
　これらは，あくまで一例ですが，このように数字を使って話すようにすると，内容がより具体的になり，相手にも伝わりやすくなります。

考え方より「行動」について話す

　私がこのような本を書くときにも意識していることに，考え方だけでなく，行動も伝えるということがあります。なぜなら，**人が変わるには考え方を変えるだけでは不十分で，実際に行動を変えなくてはいけないから**です。
　たとえば，ダイエットを例にするとよくわかります。食べすぎてはいけない。運動しなくてはいけない。それを頭の中でわかっているだけではやせられませんよね。実際に，「よく噛んで食べる」とか「帰宅時に最寄り駅の1駅手前で降りて自宅まで歩いてみる」というように具体的な行動で示すと，より実践しやすくなります。
　面談時には，これと同様のことをあなたが意識する必要があるのです。できれば，次のような公式に当てはまるように話をするとよいでしょう。

［考え方］＋［その根拠］＋［具体的な行動案］

　たとえば，家庭学習がまったくできていない生徒に対して，私であれば，次のように話します。
　「毎日勉強しよう【考え方】。人間には作業興奮という心理的な傾向があって，何かを30分間やっているとだんだんと夢中になってくる【根拠】。だから，とりあえず1日30分だけでもいいから机の前に座る【行動】ようにしてみよう」
　実際に，新たな行動を促すときには，行動するための心理的ハードルを下げることも重要なポイントです。

生徒・保護者に
「主体的に」話してもらう

「次に活かせる面談」とは？

　行動に移すことの重要性がわかったところで，ここからは生徒や保護者が面談を変化のきっかけにするための工夫について考えていきましょう。

　最初に質問です。あなたが行動を変えようと思うとき，それはどんなときでしょうか。少し考えてから読み進めてくださいね。

　人に親切にできる子は，誰かに「親切にしなさい」と言われたから人に親切にしているのでしょうか。あなたは，誰かに「本を読みなさい」と言われたから，この本を手にしているのでしょうか。……違いますよね。

　いずれの場合も，**その人自身がそうしようと考えたから**そのように行動しているわけです。つまり，先ほどの質問の答えは，**人は自分が思いついたときに行動に移しやすい**ということです。

　ですから，面談を通して，相手にアドバイスすることが重要なのではなく，自ら行動を思いつくような方向にもっていくことが重要だということがわかります。

　そして，今，ここで私が伝えたことを保護者にも理解してもらうことが大切です。特に，思春期のわが子への対応に苦慮しているご家庭は，

口うるさく言う⇒行動が変わらない⇒イライラする⇒さらに口うるさく言う

という悪循環に陥っている可能性が高いのです。

聴くが「8割」

　では，生徒にも，保護者にも，自分のことのように捉えてもらうためには
どうすればよいのでしょうか。

　その問いに対する答えは，ずばり相手の話を**聴くこと**です。たまに，面談
というと，その生徒の成績面や素行面（特に悪いところ……），教師が調べ
てきた進路情報を，教師がひたすら話し続けて終わる面談があります。

　本書を手に取るような賢明なあなたであればよくわかると思いますが，そ
れは面談ではなく，説教です。どんなに相手のことを考えていたとしても，
それではなかなか相手は行動しようとは思えません。

　ここで，私が塾講師として勤めていた頃のエピソードを紹介します。教室
責任者として，入塾しようか迷っている保護者・生徒と話をするとき，私が
塾のシステムやメリットをこれでもかと説明しても，なかなか入塾にはつな
がりませんでした。

　あるとき，私は一切説明をせず，お子様やご家庭の事情をひたすら聴き，
最後に，少しだけその悩みを解決できるような塾のメリットを説明したとこ
ろ，入塾率が格段に上がったのです。

　このエピソードで重要な点は2つ。まず，**相手の話を聴くことが相手に受
け入れてもらうための準備段階**だということ。そして，2つ目は**相手が求め
ているものを提供しなければ，相手は行動しない**ということです。

　私は講演会などでもよく面談は**「聴くが8割」**とお話しします。私たちが
意識すべきことは，自分が話すことよりも，相手の話をしっかりと聴き，**ど
のようなことに悩み，何に不安に感じ，どんな未来を望んでいるのかを把握
する**ことです。

　それが相互理解と共感につながり，相手との信頼関係を築くきっかけとな
ります。相手に信頼してもらえれば，あなたの言葉はより相手の心の奥底に
届くようになります。ぜひ，これからの面談時には意識してみてください。

おわりに

あなたにとって，有用な考え方・スキルが
本書の中で１つでも見つかりましたか？

　もし，この質問に「YES」と答えられるのであれば，著者として，これ以上，うれしいことはありません。

　さて，ここで３つの感謝を述べさせてください。まず，今，本書を手にしてくださっているあなたに。次に，共に本書を創りあげた担当編集者の茅野現さんに。そして，執筆するための時間を与えてくれた家族に。このどれか１つが欠けていたら，本書が生まれることはありませんでした。

　ここで，最後に私からあなたにお願いです。**本書を読むだけで終わらせず，ここで得た知見を１つでも実践してみてください。**そのために本書は生まれたのですから。加えて，自分で実践してみて効果的だったことは周囲の方々に広めていってください。その好循環スパイラルがひいては日本の教育を変えることにつながると，私は考えています。

　本書のご感想やご意見は，プロフィール欄記載のアドレスまで，お気軽にどうぞ。私はすべて本気で読みます。

　働き方が変われば，時間の使い方が変わります。時間の使い方が変われば，人生が変わります。

　今，この瞬間から，あなたの人生を変えていきましょう。

2020年１月　高校教師　栗田正行

【著者紹介】

栗田　正行（くりた　まさゆき）

一度は憧れて教員になるも理想と現実のギャップに耐えられず退職。飲食業を経て，塾講師へ転身。教室責任者として，授業スキルだけでなく，社会人としての考え方，効率的な働き方，子どもから大人まで対応できる幅広いコミュニケーションスキルを徹底的に学ぶ。その経験をもとに，今一度教職を選んで現在に至る。書籍や連載の執筆に加え，講演や校内研修の講師としても活躍中。実務に即し，再現性がある内容で参加者の満足度は高い。近著に『高校教師の学級経営　最高のクラスをつくる仕事術』（明治図書出版），『いつも人間関係に振り回されてしまう先生へ』（学陽書房），『できる教師の TODO 仕事術』（東洋館出版社）などがある。先生のためのメールマガジン『「教える人」のためのメルマガ』を毎週発信中。https://goo.gl/7uBeuy

本書の感想・講演依頼はこちらまで

→ marronsensei@gmail.com

高校教師の働き方
最高の教師ライフを送る仕事術

2020年2月初版第1刷刊　©著　者　栗　田　正　行
　　　　　　　　　　発行者　藤　原　光　政
　　　　　　　　　　発行所　明治図書出版株式会社
　　　　　　　　　　http://www.meijitosho.co.jp
　　　　　　　　　　（企画）茅野　現　（校正）嵯峨裕子
　　　　　　〒114-0023　東京都北区滝野川7-46-1
　　　　　　振替00160-5-151318　電話03(5907)6701
　　　　　　　　　　　ご注文窓口　電話03(5907)6668
＊検印省略　　　　　組版所　藤　原　印　刷　株　式　会　社

Printed in Japan　　　　　　ISBN978-4-18-053821-8

もれなくクーポンがもらえる！読者アンケートはこちらから